상처 주지 않고 할 말 다하는
말솜씨

How to talk to someone

상처 주지 않고 할 말 다하는
말솜씨

without hurting their feelings

허야거 지음
김경숙 옮김

센시오

상처 주지 않고도 원하는 것을 얻어내는 '말솜씨'

말은 누군가를 감동시킬 수 있는 가장 효율적인 도구다. 반면에, 손 하나 까딱하지 않고서 누군가에게 상처를 주는 무기로 사용될 수도 있다. 그래서 대부분의 사람은 말을 조심하려고 노력하고, 이왕이면 상대가 듣기 좋게 말하려 하고, 웬만하면 자신의 이미지를 높이는 쪽으로 말하려 한다. 그런데 이런 의도가 늘 성공적이지는 않다. 상대에게 감동을 주고 싶었는데 오히려 상처를 줄 수도 있고, 사람들을 즐겁게 하려고 한 말인데 분위기를 싸늘하게 만들 수도 있다. 심지어 말 한마디 때문에 친구와의 관계가 어그러질 수도 있고, 내게 온 기회를 놓칠 수도 있다. 이런 일이 반복되면 당연히 자책으로 넘어간다.

'차라리 입을 다물자.'

그런데 이런 결심은 그냥 결심으로 끝난다. 우리에게 말은 중요한 소통의 도구이기 때문에 말을 안 할 수는 없다. 그래서 내세우는 절충안이 있다.

'말을 아끼자.'

이러한 결심 또한 큰 도움은 되지 못한다. 말실수를 반복하는 사람은 말을 많이 하든 적게 하든 같은 실수를 되풀이할 확률이 높다. 왜 그럴까? 애당초 어떻게 말하는 것이 좋은지 몰라서다. 자신의 의도를 정확하게 표현할 수 있는 말솜씨를 가지고 있지 못해서다.

그렇다면 어떻게 하는 것이 좋을까? 먼저, '말 잘하는 법'에 집착하지 말아야 한다. 정말 말을 잘하고 싶다면 '말'이 아니라 '마음'을 보는 눈을 키워야 한다. 모든 인간관계의 핵심은 공감과 소통인데, 말 자체가 그것을 만들어내는 것은 아니다. 말은 그저 상대방의 마음을 이해하고, 내 마음을 이해시키는 도구일 뿐이다. 그래서 말엔 마음을 주고받는 '솜씨'가 필요하다. '말솜씨'는 단순히 말을 잘하는 기술을 뜻하지 않는다. 여기엔 '마음'까지 포함된다.

그런데 마음을 어떻게 말에 담을 수 있을까? 마음을 담은 말이 힘이 세다는 것을 알고만 있을 뿐 그 방법까지는 모르는 사람들이 많다. 그래서 '말솜씨'가 필요하다. 말솜씨가 좋은 사람은 상대에게 상처 주지 않고 할 말 다하면서도 마음을 담는다. 마음이 통하는 소통 솜씨, 마음을 여는 농담 솜씨, 마음을 녹이는 사과 솜씨, 마음을 이끄는 제안 솜씨 등 다양한 상황에 적절한 말솜씨를 발휘해 공감을 끌어낸다.

이 책은 상내를 위한다면서 오히려 상처를 주는 사람, 무심코 뱉어낸 말로 상대의 미움을 사는 사람, 석절하지 못한 말로 곤경에 빠진 사람에게 근본적인 문제점을 깨닫게 해준다. 덧붙여 어떻게 말해야 하는지 상황별 말솜씨에 대해 시원하게 풀어냈다.

누구나 말솜씨만 키우면 상처 주지 않고, 미움 받지 않고, 원하는 것을 얻을 수 있다. 잘못된 말버릇을 고쳐서 적을 만들지 않고 부드럽게 소통하는 말솜씨에 대한 비밀을 이 책에 담았다. 이제는 말 때문에 답답해하지 않아도 된다. 책을 한 장 한 장 넘길수록 쉽고 자연스럽게 원하는 결과를 얻을 수 있을 것이다.

3장 나쁜 감정을 다독이는 말

2부 상처 주지 않고 할 말 다하는 말솜씨

1장 거절할 때 오히려 듣기 좋게 말하는 법

3부 ▶ 원하는 것을 얻어내는 말솜씨

1장 적당히 거리를 두면 더 효과적인 말

2장 누구와도 막힘 없이 소통하게 하는 소통 솜씨 8가지

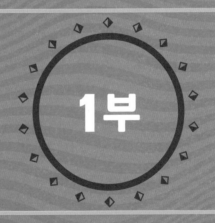

1부

당신은 나쁜 사람이 아니다.
다만 말로 상처를 줄 뿐

1장 | 정말 몰라서 놓친
당신의 말실수

당신은 나쁜 사람이 아니다,
다만 말로 상처를 준 뿐

'좋은 말 한마디는 한겨울 추위도 녹이지만, 악의적인 말은 6월의 더위도 식힌다'라는 말이 있다. 더군다나 요즘 세상에는 너무 직설적으로 내뱉는 말이나 사사건건 치고 들어오는 반대, 혹은 상대의 결점을 들추는 말로 순식간에 분위기가 험악해지는 상황이 수시로 벌어지곤 한다.

어디에든 남을 헐뜯는 사람들은 존재한다. 그들은 마치 눈에 보이지 않는 가시로 온통 덮여 다가오는 사람들을 마구 찔러대는 듯하다. 이들에게는 거슬리지 않는 사람이 없다. 때로는 아무런 맥락 없는 말을 불현듯 내뱉어 다른 사람의 마음에 상처를 주기도 한다. 이러한 사람들은 부정적이고 소극적인 인상을 주며, 당연히 다른 사람들의 미움을 살 때가 많다.

한 이발사가 있었다. 입만 열면 원성을 샀던 그는 결국 손님을 대할 때 꼭 필요한 말이 아니면 아무 말도 하지 않기로 했다. 이 소문을 듣게 된 지방 관리가 그의 이발소에 들렀다. 이발사는 관리의 머리를 자르면서 손짓으로만 의사를 표현할 뿐 입을 열지 않았다. 이 모습을 신기하게 여긴 관리는 이렇게 물었다.

"당신은 왜 말을 하지 않습니까?"

"입만 열면 다른 사람에게 상처를 줘서 말을 하지 않기로 했습니다."

이 말을 들은 관리가 너그럽게 말했다.

"책망하지 않을 테니 한번 말해보세요. 아들이 있나요?"

그러자 이발사가 얼른 대답했다.

"저한테 아들이 있어 보입니까? 만약 당신 같은 아들이 있다면 저도 팔자 편하게 살 수 있었겠지요."

관리는 이발사의 말을 듣고 화가 나서 말했다.

"그렇게 말이 서툴다면 다른 일을 찾아보는 것이 어떻겠소?"

이발사는 손으로 관리의 머리를 쓰다듬으며 말했다.

"제가 아니면 이런 머리를 누가 손질할 수 있을까요?"

사실 이발사는 결코 나쁜 사람이 아니다. 그저 자기도 모르게 상대가 모욕적으로 느낄 수 있는 말을 할 뿐이다. 문제는 그러한 말이 의도적이지 않았더라도 당하는 사람의 상처가 덜하지 않다는 것이다. 이발사의 마음이 선량하더라도 입이 거칠다면 다른 사람에게 미움을 받기 쉽다. 아무리 그 선의와 호의를 이해하는 사람이라도 그런 일이 반복된다면 관계는 곧 소원해지고 만다. 다른 사람을 편안하게 만드는 말은 곧 '듣기 좋은 말'이다. 말버릇을 고쳐서 선의에 맞는 말로 다른 사람들이 상처받지 않게 해야 한다.

거친 욕설만 상처를 주는 것이 아니다. 지나치게 정곡을 찌른 뒤 상대가 아파할 때 나는 사실을 말했을 뿐이라고 말하는 건 변명이 되지 않는다. 더군다나 어떤 말은 욕설은 아니더라도 선의가 아니거나 아예 상처를 줄 속셈으로 내뱉기도 한다. 정신적으로나 신체적으로 불편함을 겪고 있는 사람의 현실을 굳이 들춰내지적한다면 어떨까? 보이는 사실을 그대로 말한 것뿐이라고 변명할 테지만 듣는 사람은 영혼 깊이 상처를 입을 수 있다. 점잖은 충고도 자칫 상처가 되기는 마찬가지다. 어떤 사람들에게 이 상처는 평생 씻을 수 없는 고통이 되기도 한다.

사람의 마음은 모든 말과 행동에 반영된다. 말하는 태도가 나쁜 데다 말투가 거친 사람을 좋아하는 이는 없다. 이런 사람은 수없이 불만을 사고 원망도 듣게 마련이다. 그리고 결국 자기가 한 말로 인해 스스로 상처를 입는다.

공자는《논어論語》에서 '년사십이견오인, 기종야이年四十而見惡焉, 其終也已'라 했다. '나이가 마흔이 돼서도 다른 사람들의 미움을 받는다면, 그 사람의 인생은 끝난 것이나 다름없다'라는 뜻이다.

다른 사람의 미움을 사는 중요한 원인은 바로 무심코 던지는 불편한 말일 때가 많다. 어떤 사람은 평소에 말이 거칠어 무슨 말이든지 뱉고 본다. 화가 나면 앞뒤 가리지 않고 가시 돋은 말을 쏟아내는 사람도 있다. 화가 가라앉은 뒤에는 경솔함을 후회하기도 하지만 이미 내뱉은 말은 다시 주워 담을 수 없다.

날카로운 칼에 베인 상처는 쉽게 아물지만 나쁜 말로 인한 마음의 상처는 평생 아물지 않는다. 더군다나 다른 사람들이 보는 앞에서 면박을 당하면, 그 자리에서 득달같이 반격하는 사람도 있지만 당장 내색은 하지 않은 채 두고두고 더 큰 앙심을 키우는 사람도 있다.

입이 거친 이유는 오지랖이 넓어서다

솔직한 사람이라면 자신이 다른 사람에게 상처 주는 말을 한 적이 있다는 것을 인정할 것이다. 옛말에 '아름다운 말은 사람들의 존경을 받고 나쁜 말은 사람들의 마음에 상처를 준다'라고 했다. 친구의 결점을 꼬집고, 부모의 마음에 상처가 되는 말을 하며, 순간 감정이 좋지 않다고 해서 연인의 존재를 부정하는 말을 내뱉거나 아이를 자극한다는 핑계로 다른 집 아이와 비교하는 말을 한 적은 없었을까? 그랬다면, 그 순간만큼은 나는 상대에게 좋은 친구, 좋은 자식, 좋은 연인, 또는 좋은 부모라 할 수 없다.

상대가 내 진심을 잘못 이해했다고 억울해하기 전에 내가 뱉은 말로 그 사람이 받았을 상처를 먼저 생각해봐야 한다. 어느 때는 상대의 입장에 서 봐도 내가 준 상처의 깊이를 미처 다 헤아리지 못하기도 한다. 특히, 내가 마치 상대보다 우월한 위치에서 평가하는 것처럼 말하는 태도를 경계해야 한다. 몇 번의 실패를 이겨내고 있는 사람에게 '구제불능'이라고 말하거나 어떤 사람의 성과를 '그저 운 좋게 얻은 결과'라는 식으로 낮게 평가하는 것은 상대의 인격을 짓밟는다. 반대로 상대가 처한 상황을 듣고도 나와는 상관없다는 듯 무심하게 듣고 넘겨버리는 태도는 상대에게 극도의 고독과 실망을 안겨줄 수 있다.

《이솝우화》에는 다음과 같은 이야기가 나온다.

> 주인이 이솝에게 세상에서 가장 좋은 물건을 사 오라고 했다.
> 그러자 이솝은 혀를 사 왔다. 주인은 다시 그에게 세상에서
> 가장 나쁜 물건을 사 오라고 헸다. 이솝은 이번에도 혀를 사
> 왔다. 주인이 도무지 그 뜻을 이해하지 못하자, 이솝은 이렇
> 게 말했다.
> "혀는 듣기 좋은 말로 사람들을 기쁘게 할 수도 있고 독사처
> 럼 악독한 말로 다른 사람에게 상처를 줄 수도 있기 때문입
> 니다."

나쁜 말로 다른 사람에게 상처를 주고도 자기 성격이 단순해
서라고 핑계를 대는 사람들이 많다. 하지만 타고난 성격에 차이
가 있더라도 태도와 어휘는 결국 자신이 스스로 선택한 결과다.

어떤 사람들은 자기가 가진 것을 남의 것과 끊임없이 비교하
다 자괴감과 질투에 빠지고 만다. 이런 욕심은 한도 끝도 없다.
영국의 한 심리학자는 1만 명의 행복지수와 수입의 관계를 조사
했고 흥미로운 결과를 발견했다. 수입의 규모와 행복지수가 어느
정도 관련은 있지만, 사람들이 느끼는 행복은 자신과 다른 사람
들을 비교한 결과에 따라 좌우되는 경우가 더 많았다.

행복의 기준을 나보다 잘살거나 재능이 뛰어난 사람에 맞추

다 보면, 불평이 가득해지고 진취적인 사고도 하지 못하게 된다. 당연히 심리적으로도 불안해지기 쉽다. 이러한 심리적인 불균형은 애꿎은 주변 사람들에게 '나쁜 말'로 돌아간다. 따라서 자기보다 뛰어난 사람을 보더라도 내면의 균형을 유지하는 법을 배워야 한다.

● 말로 덕을 쌓는 법을 알지 못하면 손해를 본다

꼭 나쁜 사람이 아니어도, 선량한 사람도 다른 사람에게 '나쁜 사람'으로 보이거나 본의 아니게 다른 사람의 인생에서 악역을 맡게 되는 경우가 있다. 이러한 불행은 소통의 원칙, 즉 언어의 기술을 근본적으로 이해하지 못한 결과다. 다른 사람과 대화를 나눌 때 제멋대로 구는 것처럼 보이거나 다른 사람의 감정을 쉽게 넘기게 되는 것도 바로 그 때문이다. 이러한 태도는 이미 습관화돼 있어서 자기가 사용하는 언어 때문에 스스로 호감도를 떨어뜨린다는 사실을 미처 깨닫지 못한다.

바꿔 말하면, 다른 사람이 나를 바라보는 주관적인 시선이 현재 내 모습을 정의한다. 거꾸로, 그 정의의 근거는 바로 내가 하는 말 한마디에서 비롯된다. 불경에 나오는 '착한 씨앗을 뿌리면 착한 결과를 얻는다種善因得善果'라는 이야기는 바로 '당신이 하는 모든 말은 당신이 어떤 사람인지 결정한다'라는 도리를 일깨워 준다.

말로 덕 쌓는 법을 이해하지 못하는 사람은 결국 다른 사람의 마음에 상처를 줄 뿐 아니라 자기 자신도 손해를 본다. 다른 사람에게 좋은 인상을 남기고 존경받고 싶다면, 무엇보다 듣기 좋게 말하는 법을 반드시 알아야 한다. 내가 하는 말이 모두 향기로울 수는 없겠지만 적어도 내 말 한마디로 다른 사람이 상처를 입는 일은 없어야 한다.

좋은 말을 들은 사람은 따뜻한 위로와 격려를 받는다. 반면, 나쁜 말을 들은 사람은 그 어떤 것으로도 메울 수 없는 상처를 입는다. 좋은 말을 한 사람은 만족스러운 보답을 받을 수 있지만 나쁜 말을 내뱉는 사람에게는 비참하고 고독한 시간만이 기다리고 있을지 모른다.

재능 있는 한 소녀가 있었다. 중학생이던 이 아이는 글짓기는 매우 잘했지만 수학 실력은 뛰어나지 못했다. 몇 번이나 수학 시험을 통과하지 못한 아이는 부모님과 선생님을 실망하게 하지 않으려고 필사적으로 수학 문제풀이를 외웠다. 그 결과, 세 번의 수학 시험에서 전부 만점을 받았다. 그런데 수학 선생은 아이의 성적을 빈정댔다.

"수학 둔재가 단번에 수학 천재가 될 수는 없지. 너는 분명히 부정행위를 한 거야!"

고집이 세고 예민했던 아이는 솔직하게 대답했다.

"저는 부정행위를 하지 않았어요. 아무리 선생님이지만, 저를 그렇게 모욕하셔도 되나요?"

그 말을 듣고 선생은 화가 잔뜩 나서 말했다.

"그래! 네가 그렇게 대단하다면 네 실력이 어떤지 한번 봐야겠다!"

그러더니 선생은 아이가 배운 적도 없는 방정식 문제를 냈다. 당연히 아이는 하나도 맞추지 못했다. 이 일로 큰 상처를 받은 아이는 이후에 학교에 나가지 않고 집에서 지내기 시작했다. 8년 동안 혼자 집에서 지내며 비관적이고 민감하며 고독한 성격을 키웠다. 이 아이는 바로 훗날 대만을 대표하는 작가로 이름을 날린 싼마오三毛다.

이 수학 선생은 자신이 과거에 했던 말을 크게 후회했을 것이다. 이 아이에게 큰 상처를 준만큼 자기 인생에서도 진실한 행복이나 즐거움을 만끽하기 힘들었을 것이다.

세상에 험악한 독설을 들어 마땅한 사람은 없다. 《불경·구가리야경拘伽利耶経》에 이런 말이 나온다. '사람은 입에 도끼를 가지고 태어난다. 어리석은 사람이 나쁜 말을 하는 것은 이 도끼로 자신을 찍는 것이나 다름없다.' 즉, 사람의 혀는 양날의 도끼와도 같아서 나쁜 말은 하는 사람과 듣는 사람 모두에게 상처를 준다.

우리의 입은 수문에 비유할 수도 있다. 섣불리 수문을 열면 모두 물살에 휩쓸리게 된다. 다른 사람을 대할 때 모두에게 해가 될 수 있는 이 수문을 잘 단속해야 한다. 적절하지 않게 입을 열었다면 반드시 그 대가를 치르게 된다. 내가 사용하는 말은 내 인생이 나아가는 방향을 결정한다. 나쁜 말만 내뱉는 사람은 결국 인생의 실패라는 운명에 맞닥뜨리게 된다.

○
끊어진 친구 목록엔 이유가 있다

사람들이 살아온 생활 배경과 성격은 저마다 다르다. 이 점을 유념하지 않고 넘지 말아야 할 선을 자꾸 넘어 일방적으로 소통하려고 든다면, 주변의 친구들은 하나둘 떠나게 될 것이다. 그렇다면 이런 결과를 부르는 원인에는 어떤 것들이 있을까?

1. 저속한 말
예의를 차리지 않고 저속하거나 상스러운 말을 늘어놓는 것은 다른 사람에게 나쁜 인상을 남긴다. 말은 곧 그 사람의 교양을 나타낸다.

2. 상대와 상황을 가리지 않는 경우

사람들의 생활 습관이나 언어 습관은 다양하다. 상대의 배경을 잘 이해해서 그 특징에 따라 말을 가려서 해야 한다. 예를 들어 광둥, 홍콩 지역 사람들은 숫자 '8'을 좋아하고 '4'를 싫어하는 경향이 있다. 이는 광둥어에서 '8'은 발전을 의미하는 '발發'과 음이 비슷하고 '4'는 죽음을 의미하는 '사死'와 발음이 같기 때문이다. 이러한 언어 습관과 더불어 상황도 고려해야 한다. 결혼식에서 신랑 신부에게는 백년해로하라는 축복의 말을 해야 하고 아픈 사람의 병문안을 갔을 때는 빠른 회복을 기원하는 위안이 되는 말을 건네야 한다. 산에 따라 부르는 노래가 달라진다는 말처럼 각각의 상황에 맞는 말을 해야 한다.

3. 쉴 새 없이 떠드는 경우

쉴 새 없이 불평을 늘어놓는 사람은 입만 열면 "나는 운이 정말 나빠"라는 말로 시작해서 "요즘 일이 정말 귀찮아 죽겠어"라는 말로 끝맺는다. 게다가 일상생활에서 벌어지는 사소한 일과 끝없는 고민을 다른 사람에게 하소연한다. 사람들은 각자 고민을 안고 있다. 다른 사람이 자기 시간을 굳이 낭비해가며 내 과도한 불평을 들어줄 의무는 없다. 끊임없는 불평은 동정이 아닌 혐오감을 불러일으킨다.

4. 고압적이고 급한 성미

고압적이고 성미가 급한 사람은 일반적으로 인내심이 부족하고 자부심이 상당히 강하다. 이런 사람은 항상 자신이 옳다고 생각하고 문제를 다른 사람에게서 찾는다. 만약 이유를 묻거나 설명을 요구하면, 아주 성가시게 생각한다. "귀찮게 하지 마" "원래 다 그런 거야" 등의 짧은 말 한마디로 상대의 말문을 막아버리기도 한다.

5. 공허한 설교

다른 사람보다 자신의 지위가 높거나 나이가 많다는 이유로 일종의 우월감에 빠지는 사람들이 있다. 이들은 자신이 상대보다 경험과 지식이 더 많다고 생각하기 때문에 설교투로 말할 때가 많다. 물론 모든 설교가 나쁜 것은 아니다. 때로 설교에는 정확한 충고가 담겨 있기도 하다. 그러나 우월감에서 비롯된 설교투는 상대에게 반감을 불러일으킨다. 상대를 설득하려면 내 생각을 강요하는 태도에서 벗어나 다른 방법을 찾아야 한다. 즉, 고압적인 태도를 버리고 쉽게 이해되는 구체적인 사례를 들어 상대가 내 말에 자연스럽게 수긍할 수 있도록 해야 한다.

6. 뜬소문을 퍼뜨리는 사람

쓸데없는 사소한 일이나 다른 사람의 사적인 일에 관심을 놓지 못하는 사람들이 있다. 이런 소재는 이들에게 순간의 호기심을 충족시키는 잡담거리에 불과하다. 문제는 이 과정에서 다른 사람의 사적인 일에 말이 더해져 과장되고 이들이 이런 뜬소문을 퍼뜨리면서 즐거워한다는 것이다. 이러쿵저러쿵 다른 사람의 이야기를 하는 것은 저속한 취미다. 인간관계도 심각하게 훼손될 수밖에 없다.

7. 자기중심적인 사람

자기중심적인 사람은 두 가지 특징을 보인다. 첫째, 자기 자신을 과장한다. 둘째, 무슨 일이든 자기 멋대로 결정한다. 이런 사람의 말투는 아주 생생하고 이야기 전개가 완벽하며, 기복 또한 변화무쌍하다. 그러나 모든 이야기의 주제는 하나로 귀결된다. 바로 자기 자신이다. 어느 이야기에서든 무한 반복되는 '나'는 경박하고 무지한 인상만을 남긴 채 상대의 인내심을 잃게 한다. 하지만 자기중심적인 사람은 상대의 이런 반응에 아랑곳하지 않는다. 자신에게 흥미로우면 상대도 그렇게 느낄 것이라 믿는다. 이처럼 상대의 감정을 무시한 채 과도하게 자신에게만 집중한다면 주변 사람들과의 관계는 결국 멀어지게 된다.

8. 말과 실제가 다른 경우

사실과 다른 이야기를 하는 사람의 말에서는 대부분 구체적인 숫자가 언급되지 않는다. 이들의 말은 사실에 부합하지 않을뿐더러 자신의 말과 행동도 일치하지 않는다. 이런 사람이 하는 말은 실제보다 과장되거나 날조되기 쉽다. 다른 사람들은 그의 말을 들어주는 것처럼 보이지만, 완전히 믿지는 않는다. 이러한 상황이 지속된다면, 이 사람은 당연히 신임을 잃을 수밖에 없다.

9. 야박한 말

어떤 사람은 말솜씨가 유난히 현란하다. 그들의 말은 기세등등하고 공격적이며 차가운 조소와 신랄한 풍자도 곁들인다. 이런 말투는 때로 인정사정 봐주지 않는 야박한 말로 이어지기도 한다. 야박한 말을 하는 사람은 말 한마디로 우정과 신임을 잃을 수 있다. 가장 이상적인 관계는 평등한 위치에서 서로 사랑을 주고받는 것이다. 굳이 칼날처럼 예리한 말로 남에게 상처를 줄 필요는 없다. 야박한 말투는 곧 그 사람의 성격과 교양을 반영하는 것이니 자신에게도 좋을 리 없다. 진심을 나눌 친구를 얻기 힘든 것은 물론이고 일에서도 백해무익하다.

10. 자기가 똑똑하다고 생각하는 사람

항상 자신이 남보다 똑똑하고 무엇이든 잘 알고 있다고 생각하는 사람이 있다. 간혹 정말 괜찮은 생각을 말할 때도 있지만, 아무 데서나 큰소리치며 자신의 넓고 얕은 지식을 뽐내는 것이 문제다. 그렇다면 우리는 이러한 사람을 어떻게 대해야 할까? 가장 좋은 방법은 일일이 대응하지 않는 것이다. 몇 번 그런 상황이 이어지면, 자신의 허세에 남들이 별로 관심을 두지 않는다는 사실을 깨닫고 입을 다물 것이다.

11. 논쟁광

이런 사람은 수시로 논쟁을 벌이려고 작정하는 것 같다. 즉, 논쟁을 위한 논쟁을 벌이는 것이다. 다른 사람이 무슨 말을 하든 항상 맞받아치며 그 상황을 즐긴다. 소소한 이야기를 나눌 때도 마찬가지다. 논쟁광들은 "넌 거기가 틀렸어" "아! 그게 바로 너의 잘못된 부분이야"라는 말을 좋아한다. 이들은 다른 사람도 자기처럼 논쟁을 좋아한다고 생각한다. 이런 식으로 대화를 나누다 보면 결국 주변의 친구들은 모두 도망가고 만다.

12. 잘못을 깨닫지 못하는 고집불통

자신의 잘못을 인정하는 법이 없는 사람이 있다. 자기 의견이 항상 옳다고 생각하기 때문이다. 이런 사람 역시 논쟁을 즐기지만, 이것은 진실을 찾기 위한 논쟁이 아니라 자기 생각을 더 굳히는 시도일 뿐이다. 설령 속으로는 자신이 틀렸다는 것을 깨닫더라도 겉으로 내색하지 않는다. 이런 사람과 편안한 분위기에서 이야기를 나누기는 어렵다. 소소한 이야기 도중에 갑자기 자기를 돋보이게 할 만한 화제로 방향을 틀어버리거나 다른 말할 거리가 생각나면 상대의 말을 끊어버린다. 이런 사람에게 주제나 맥락은 상관없다. 자신의 존재감이 조금이라도 묻히는 것 같으면 그 순간을 건지지 못하고 자신을 좀 더 드러낼 만한 이야기만 반복한다. 이처럼 잘못을 깨닫지 못하고 고집을 부리는 사람과 자기 소신대로 말하는 사람의 결은 다르다. 자기 생각에 따라 말하고 결정하는 사람은 성격이 원만하고 새로운 것을 배우기 좋아하며, 원인과 결과를 살펴 말한다. 그러나 잘못을 깨닫지 못하는 사람은 일방적인 고집불통일 뿐이다.

◉ 때에 어긋난 말버릇을 조심하자

말버릇은 일부 어휘에 국한된 것으로 소홀히 생각하기 쉽다. 하지만 말하는 사람의 사고방식을 무의식적이고 습관적으로 드러낸다는 점에서 말버릇은 신중하게 돌아봐야 한다. 사소한 말버릇이 나에 대한 인상을 지배하고 내 생활은 물론 운명에까지 영향을 끼칠 수 있다.

> 어느 날, 나를 찾아온 한 회사의 대표는 회사 일이 바빠질수록 많은 사람 앞에 서거나 강연할 상황이 많아져 스트레스가

이만저만이 아니라고 했다. 그가 보내준 강연 녹화 영상에서 나는 그에게 적지 않은 문제를 발견했다. 특히, 그의 말버릇이 문제였다. 그 영상에서 그는 '저기' '그러니까'와 같은 말을 끊임없이 반복하고 있었다. 횟수를 세어 보니, 이런 말버릇은 3분 동안 무려 20여 차례나 등장했다. 나는 그의 과거와 최근 강연 모습을 비교해봤다. 그 결과 회사 대표가 되면서 그의 말버릇이 더 심해진 것을 알 수 있었다.

말버릇은 그와 같은 회사 대표에게서만 보이는 것은 아니다. 나는 과거에 기업 임원들을 대상으로 강의한 적이 있다. 그중에 한 임원은 자신을 이렇게 소개했다. "저는, 저기, 모모 회사에 다니고 있습니다. 저기, 저는, 음, 기술부 담당인데, 부하 직원이 저기, 수없이 많습니다. 그래요. 제 업무는, 저기, 업무 전략을 기획하고 개발하는 것입니다. 그래요. 음, 네…." 세상 물정 모르는 사람처럼 보이는 그의 말버릇은 자신이 한 말의 신뢰도를 크게 떨어뜨리고 있었다.

많은 사람이 각자 특유의 말버릇을 갖고 있다. 이러한 말버릇은 습관적인 행동이나 마찬가지라서 스스로 알아채기는 어렵다. 하지만 말버릇은 우리의 생활과 인간관계는 물론, 사업의 발전에도 영향을 끼칠 수 있다.

Talk point 1

주의해야 할 '말버릇'

1. "원칙대로라면…"

어떤 사람들은 항상 원칙을 명확히 구별하려고 한다. 하지만 어떤 상황에 완벽하게 들어맞는 유일한 원칙이란 존재하지 않는다. 세상에는 수없이 많은 원칙이 있고 사람들은 저마다 자신에게 유리한 방식으로 원칙을 적용할 수 있다. 그런데도 자기의 기준에만 맞춰 '원칙대로라면'이라고 말하는 사람과 가까이하고 싶을 사람은 없을 것이다. 상대를 따르게 하는 것은 진실한 생각이지 원칙이 아니다.

2. "이걸 왜 못해?"

이 말은 상대에게 용기를 주고 그에 대한 믿음을 강조하려는 의도로도 볼 수 있다. 이제 막 사업을 시작하는 이들에게 이러한 채찍질은 긍정적인 에너지가 되기도 한다. 그러나 이런 말을 너무 자주 한다면, 서로 감정이 격해질 수 있고 전혀 예상하지 못한 결과를 초래할 수 있다.

3. "잘못된 부분은 없겠지?"

한 글자 한 글자가 사람의 신경을 자극하는 말이다. 실제로 신경질적인 성격을 표현하는 말이기도 하다. 생각이 너무 많고 사소한 문제까지 깊이 파고드는 사람들이 이러한 말버릇을 보이는 경우가 많다.

4. "우선 내 말 들어"

솔직하고 직설적인 성격을 드러내는 말버릇이다. 사람과 사람 사이에는 소통이 필요하므로 자기의 감정을 표현할 줄 알아야 한다. 그러나 이때 소통은 반드시 쌍방향으로 이뤄져야 한다. 그러지 않으면 소통의 목적을 이룰 수 없다. 상대의 말을 듣지 않고 자기 의견 표현에만 신경 쓰는 사람은 다른 사람과 점점 멀어지게 된다. 말하기를 좋아하는 사람이라면 반드시 적당한 선에서 그칠 줄 알아야 하고, 자기 멋대로 말하는 습관을 고쳐야 한다.

5. "내 말 들어, 틀림없으니까"

이런 말은 난감하거나 당황스러운 상황에 놓인 사람을 도와주고 싶은 마음에서 비롯된다. 그러나 너무 자주 하면, 잘난 척하는 사람이라는 인상을 줄 수 있다. 결국, 어떠한 좋은 결과도 얻을 수 없다.

6. "능력 있으면 당신이 해"

이 말은 지금 하는 일이 자신이 충분히 할 수 있는 것이며, 다른 사람의 문제 제기는 절대 받아들이지 않겠다는 의미다. 그러나 어떤 영역이든 강자 위에는 더 뛰어난 강자가 있다 혼자 일을 처리할 능력이 있는 건 좋은 일이다. 하지만 다른 사람이 그 일에 대해 의견을 말하는 것도 지극히 정상이다.

7. "역시 내가 대단하지"

이 말은 성공한 자의 자기 위안이자 격려다. 혼잣말로 하는 수준이라면 나쁠 것이 없지만, 공개적으로 말해버리면 곤란하다. 더군다나 패배한 상대를 더욱 난처하게 하는 말이다. 어떤 일의 성공이든 반드시 내 절대적인 실력으로만 빚어지는 것은 아니다. 실력과 운 그리고 주변의 좋은 인연이 서로 접점을 이뤘을 때 우리는 성공할 수 있다. 따라서 성공에 자만하기보다 감사하는 마음을 가져야 한다. 또한, 성공이 영원히 지속되는 것도 아니다. 눈앞에 보이는 성공에 취하는 데 그치지 않고 앞으로 닥칠 수 있는 위험에 대비해 최선의 대책을 세우는 것이 중요하다.

잘못된 말버릇 줄이기

1. 잠시 말을 멈춘다

'앗'이나 '맞다'와 같은 말버릇이 튀어나오기 전에 말을 삼키고 한 박자 꾹 참아 보자. 사람들이 말버릇을 갖게 되는 중요한 이유 중 하나는 말하는 사이 잠깐의 공백과 정적에 적응하지 못하기 때문이다. 강연 중에 말버릇을 배제하고 잠시 말을 멈추면, 청중은 그 틈에 강연의 내용을 소화하고 정리할 시간을 가질 수 있다. 강연자 또한 다음에 말할 내용을 구상하거나 조정할 시간을 벌 수 있다. 게다가 조급하게 말버릇을 드러내기보다 잠깐의 공백을 두는 것은 스스로 속도를 우아하게 조절할 줄 안다는 인상을 준다.

2. 자기 관찰

나는 수강생들에게 한 가지 어려운 과제를 낸 적이 있다. 보름에 한 번씩 1분 정도 길이의 영상 메시지를 보내라는 것이었다. 수강생들은 이 과제가 진땀이 날 정도로 힘들었다고 했다. 영상 메시지를 보내본 적이 있거나 다른 영상으로 자신의 말하는 모습을 본 적이 있는 사람이라면 고쳐야 할 습관을 쉽게 발견할 수 있다. 하지만 간신히 말버릇 하나를 고쳤는데 나도 모르게 다른 말버릇이 생기기도 한다. 마치 암의 예후를 모니터링하는 것처럼 말버릇을 고치기 위한 자기 관찰 역시 지속적으로 하는 것이 좋다.

3. 메모 붙이기

자신의 말버릇을 메모지에 적고 자주 사용하는 컴퓨터나 전화기 앞에 붙여 보자. 이렇게 하면 평소에 자기 말에 주의하며 말버릇을 일깨울 수 있다.

나쁜 말뿐만 아니라 쓸데없는 말도 상처를 준다

명明나라 초, 형부주사 여태소茹太素라는 사람이 있었다. 그는 장장 1만 7,000여 자에 달하는 상소문을 올렸다. 주원장朱元璋은 사람을 시켜 상소문을 읽게 했는데, 6,000자 정도를 들어도 도무지 무슨 말인지 갈피가 잡히지 않았다. 주원장은 매우 화가 나서 상소문을 쓴 사람을 찾았고 형부주사라는 사람이 어찌 이리 답답하게 공염불만 늘어놓느냐며 꾸짖었다. 그리고 주원장은 여태소를 때리라는 명령을 내렸다. 저녁에 주원장은 궁녀를 시켜 남은 내용을 읽게 했는데, 1만 6,000자쯤 지나서야 비로소 본론에 들어갔다.

문장을 쓰며 쓸데없는 말을 늘어놓는 사람은 옛날에도 존재했나 보다. 본래 소박하고 군더더기 없는 말로 사상적 관념과 객관적 사실을 정확히 표현하는 것은 중국어의 특징 가운데 하나다. 공자孔子는 '말은 그 뜻이 상대에게 전달되는 것만으로 족하다'고 했고 한유韓愈는 '정성만 있으면 된다'고 했다. 유지기劉知幾는 '간결하게 표현한 문장이 가장 뛰어나다'고 지적한 바 있다. 그러나 실상 우리 주위에는 쓸데없는 말로 다른 사람을 성가시게 하는 사람을 종종 볼 수 있다. 이런 상황도 지속된다면 듣는 사람에게 상처가 될 수 있다.

샤오궈小郭는 판매원이다. 그는 말솜씨만 좋으면 판매는 그만이라고 생각했다. 그래서 어디에서든 누구에게나 술술 말을 늘어놓았다. 그가 있는 곳에서 어색한 침묵이 흐르는 법은 없었다. 어느 날, 주문서에 문제가 발생해 판매부 직원들의 긴급회의가 열렸다. '모두 적극적으로 발언하라'는 관리자의 말이 떨어지기가 무섭게 샤오궈가 손을 들었다. 그는 관리자의 호명을 기다리지도 않고 십여 분이 넘도록 이야기를 늘어놓기 시작했다. 관리자는 몇 번이나 요점만 말할 것을 주문했고 동료들도 그의 말이 주제에서 벗어나고 있다며 눈치를 줬지만, 샤오궈의 일장연설은 그칠 줄 몰랐다. 관리자는 결국 참지 못하고 그의 말을 끊었고 분위기는 어색해지고 말았다.

쉴 틈 없이 자기 말만 늘어놓는 사람을 좋아하는 이는 없다. 더욱이 말만 많고 내용을 효과적으로 전달하지 못한다면 말할 것도 없다. 천문지리에서 애정사까지 온갖 흥미로운 이야기를 끊임없이 쏟아낼 수 있겠지만, 계속되는 이야기에 지치지 않고 신난 사람은 말하는 사람 자신뿐이다. 이런 사람은 어설프게 말솜씨를 뽐내다 다른 사람의 시간을 허비하고 반감만 사게 된다.

류린劉林은 말솜씨를 자랑하는 사람을 만난 적이 있다. 그 사람은 어느 공기업의 여성 경영인이었다. 류린은 그녀와 업무 협의를 하던 중이었다. 미모와 실력을 겸비한 그녀는 중국과 대만을 오가며 활약하고 있었다. 그런데 그녀는 한번 말을 시작하면 마치 강둑이 터진 것처럼 멈출 기미를 보이지 않았다. 류린 또한 업무에서만큼은 달변가로 통했지만, 도무지 끼어들 틈을 찾을 수 없었다. 그 경영인이 중국과 대만의 공공사업에 자신이 보인 활약상을 늘어놓는 동안, 류린은 두 손을 탁자 위에 올리고 빨대만 만지작거렸다. 그녀의 이야기에 전혀 흥미를 느끼지 못한 류린은 용기를 내어 입을 열었다.

> "죄송하지만 제가 일이 있어서 먼저 가 봐야겠어요."

이 경영인은 자신의 업적과 업무 능력을 과도하게 자랑하다 상대와 함께 일할 기회를 놓쳐 버렸다. 우리 주변에서도 비슷한 경우를 많이 볼 수 있다. 어떤 사람은 간밤에 꾼 꿈 이야기를 사람들만 보면 신이 나서 늘어놓는다. 또 어떤 사람은 학창 시절에서 회사 생활에 이르기까지 묻지도 않은 자신의 경력을 하나도 놓치지 않고 읊는다. 한 번 생각해보자. 내가 흥미를 느끼는 일이라고 해서 다른 사람도 똑같이 신날까? 기괴한 내 꿈 이야기에 나만큼 흥미를 느낄 사람은 없다. 내게만 익숙한 내 과거사는 상대와 공감을 형성하는 데 별 도움이 되지 않는다. 게다가 그런 시간이 길어지면 듣는 사람은 혐오감마저 들 수 있다.

나쁜 말뿐만 아니라 쓸데없는 말도 다른 사람의 감정에 상처를 줄 수 있다. 연애와 결혼에서 쓸데없는 말은 종종 막대한 살상력을 지닌다. 배우자가 종일 자질구레한 잔소리를 늘어놓는다면 상대는 당연히 귀찮다고 생각할 것이다. 세월이 흘러감에 따라 두 사람 사이의 감정은 상처를 입게 된다.

> 나폴레옹 3세Napoleon III는 아름다운 여인 테바 여백작Comtesse de Téba 외제니 드 몽티조Eugénie de Montijo와 사랑에 빠졌고 곧 결혼식을 올렸다. 완벽하고 낭만적으로만 보였던 이들의 결

혼은 얼마 지나지 않아 위기를 맞았다. 이 아름다운 부인의 잔소리가 멈추지 않았기 때문이다. 외제니는 남편의 애정이 변할까 봐 노심초사했다. 그녀는 남편 주위의 모든 사람을 질투했고 항상 남편이 다른 여자와 바람을 피운다고 의심했다. 그래서 그녀는 모든 방법을 동원해 주위를 맴돌며 남편의 개인적인 시간이나 공간을 전혀 허락하지 않았다. 남편이 국가의 대사를 처리하고 있을 때, 그녀는 갑자기 들이닥쳐 애완동물과 꽃 이야기를 꺼냈다. 대신들과 남편이 정사를 논의하고 있을 때도 그녀의 방해는 멈추지 않았다. 조금이라도 나폴레옹이 귀찮아하는 표정을 보이면, 외제니는 울먹이며 남편의 잘못을 일일이 따졌다. 프랑스 황제 나폴레옹 3세는 비록 화려한 황궁을 갖고 있었지만, 그곳에 그가 편안하게 쉴 곳은 없었다. 결국 나폴레옹 3세는 외제니를 냉대하고 배신하게 됐다. 사랑의 열정이 식은 자리에는 타고 남은 재만 흩날렸다.

배우자에게서 평온한 휴식처를 찾지 않는 사람이 있을까? 온화하고 자상한 배우자를 원하지 않는 사람이 있을까? 안타깝게도 외제니의 끝없는 잔소리는 결국 상대에게 상처를 주는 예리한 칼날이 되어 두 사람 사이에 남은 마지막 사랑까지도 완전히 베어버렸다.

'아무리 재미있는 연극이나 노래라도 몇 번 계속되면 보는 사람이 없고 아무리 좋은 말도 여러 번 계속되면 아무도 듣지 않는 다'라는 말이 있다. 꼭 필요한 당부의 말이나 깨달음을 주는 말도 거듭되면 잔소리가 되고 만다.

결혼 전 낭만적인 꿈을 깨뜨리는 가장 큰 원인은 바로 상대를 초조하게 만드는 잔소리다. '쓸데없는 말'을 늘어놓는 잔소리야 말로 버려야 할 나쁜 습관이다.

○ '달변'과 '억지'는 어떻게 다를까?

말솜씨가 좋다는 것은 말에 설득력이 있고 요점을 잘 포착해 적 절하게 표현할 줄 안다는 뜻이다. 반면, 말은 많은데 허튼소리만 늘어놓는 사람도 있다. 이것은 달변이 아니라 억지다. 달변가로 유명했던 역사적 인물은 많다. 그러나 불리한 입장으로 몰렸을 때 자신의 입지를 변호하려다 무너진 사례도 부지기수였다.

1976년 10월 6일, 미국의 전 대통령 제럴드 포드Gerald Ford와 지미 카터Jimmy Carter는 대통령 선거에 앞서 열린 첫 번째 토론 회에 참석했다. 이 자리에서 〈뉴욕 타임스〉 기자 마크 프랭크 는 폴란드와 관련한 질문을 던졌고 포드는 이렇게 답했다. "폴란드는 소련의 통제를 받은 적이 없습니다. 소련이 동유럽을 강제로 통제한다는 말은 사실이 아닙니다."

그의 발언은 분명히 사실에 어긋난 것이었다. 당시 기자들은 즉시 반박했다. 처음에 프랭크는 완곡한 말투로 잘못을 지적하며 포드에게 정정할 기회를 줬다. 포드가 그때 바로 자신의 실언을 인정했다면, 이후의 비판을 잠재울 수 있었을 것이다. 그러나 전국의 시청자 앞에서 물러서는 모습을 보이기 싫었던 그는 자신의 잘못된 의견을 고수했고 결국 선거에서 막중한 대가를 치러야 했다. 당시 TV 토론회의 실언을 다룬 보도는 포드의 태도를 이렇게 질책했다.

"그는 진정한 바보인가, 아니면 당나귀처럼 고집불통인가?"

현명한 토론가는 상대로부터 허를 찔렸을 때 결코 억지를 부리지 않는다. 상대에게 살짝 미소를 보이거나 가볍게 박수를 보내며 속내를 들키지 않는다. 때로 우리는 진리에 복종할 줄 아는 용기도 보여야 하고 변명으로 일관하지 않는 대범함도 갖춰야 한다. 달변가는 다른 사람을 설득할 수 있지만, 억지를 부리는 사람은 조롱거리가 된다. 말이 많아 보이는 것은 공통적일지 모르나 이처럼 달변과 억지는 정반대의 결과로 이어진다.

업무 능력이 탁월한 어느 부서 책임자의 예를 들면, 마땅히 중책을 맡을 만한 인재였지만 한 가지 문제가 있었다. 그는 부하 직원들에게 업무를 배분하고 그들의 성과를 평가할 때 종종 억지를 부렸다. 동료나 부하 직원들과 소통에 미숙했던 그는 뛰어난 업무 능력에도 불구하고 승진의 기회를 놓치고 말았다.

또 다른 예를 들어보자. 어느 제조 회사의 부서 책임자는 사장이 자신의 부서에서 발생한 실수를 질책하자 모든 잘못을 부하 직원들에게만 떠넘겨 변명으로 일관했다. 이 말을 들은 사장은 더 역정을 냈고 이 사람이 결과에 책임질 줄도 모르고 이성적 판단을 하지도 못하는 사람으로 판단했다. 사장은 결국 이 책임자를 해고했다.

이 책임자들이 놓친 소통을 위해 필요한 것은 바로 '마음'의 교류다. 항상 상대를 성실한 태도와 평등한 관점으로 대하며 심리적인 안정감을 줄 수 있어야 한다. 그래야만 대화의 '하수'에서 '고수'로 발전하고 소통에서 주도권을 쥘 수 있다. 억지를 부리는 사람의 말에서 가장 큰 특징은 바로 이치에 맞지 않는다는 점이다. 잘못을 인정하지 않고 끊임없이 자신을 변호하는 데만 몰두한다. 그러나 그러한 억지는 다른 사람의 화만 돋울 뿐이다.

상대에게 자신감을 드러내는 것은 어떨까? 이러한 태도는 절대 나쁜 것이 아니다. 어느 정도 필요하기도 하다. 그러나 여기에서도 말솜씨와 자기 자랑은 구별해야 한다. 상대에게 자신의 성공담을 말하는 이유가 잘남을 뽐내는 것이어서는 안 된다. 필요에 따라 자신감을 보이되 솔직담백한 언어로 표현해야 한다.

회사의 행사를 성공적으로 이끌었다고 해보자. 굳이 나서서 자랑하지 않아도 사람들은 그 결과를 알고 있고 내 자신감은 언행에 이미 드러나게 마련이다. 상사가 성과를 칭찬한다면, "회사가 저에게 맡긴 일이니 당연히 완성해야지요"라는 말로 침착하게 응수하는 편이 좋다.

○ 칭찬도 칭찬 나름, 과한 칭찬은 귀에 거슬린다

사람들은 흔히 칭찬을 많이 하면 상대가 자신에게 호감을 느끼고 나중에 목적을 달성하는 데도 더 유리한 기회를 잡을 수 있다고 생각한다. 더 강하게 칭찬할수록 더 효과적일 것이라고 믿는 이들도 있다. 그러나 여기에서 과유불급의 원칙은 적용된다. 마땅한 칭찬을 충분히 받지 못한 사람은 서운하게 여길 수 있지만, 과한 칭찬을 받으면 반감을 느낄 수도 있다. 그러므로 상대를 칭찬할 때는 반드시 적당한 수준으로 해야 한다.

한 실험은 너무 과장된 칭찬의 부정적인 효과를 보여준다. 이 실험은 240명의 아이를 대상으로 했다. 먼저 심리 테스트를 통해 아이들의 자신감을 측정했다. 그런 다음, 3개 조로 나눠 그림을 그리게 했다. 첫 번째 조에는 과한 칭찬을 했고 두 번째 조에는 일반적인 칭찬을 했다. 세 번째 조에는 칭찬을 하지 않았다. 이어서 아이들에게 더 어려운 그림을 그리게 한 뒤 반응을 관찰했다.

그 결과 3개 조의 어린이들은 각기 다른 반응을 보였다. 본래 자신감이 컸던 아이들은 과한 칭찬을 받으면 더 용기를 얻어 어려운 그림을 그리는 과제에 선뜻 도전하려고 했다. 반면 자신감이 낮은 아이들은 칭찬을 많이 받았을 때 반감을 보이며 그림 그리기를 거부했다. 그 원인에 대해 연구자는 자신감이 낮은 아이들이 칭찬을 받았을 때 부담을 느꼈기 때문이라고 분석했다. 자신감이 낮은 아이들에게 칭찬은 낯선 선물과 같은 것이었다.

이 실험 결과가 우리에게 시사하는 점은 크다. 내가 누군가를 칭찬할 때, 그 사람의 기분은 어떨까? 한 부하 직원의 예를 들어 보자. 그의 업무 능력은 평범했고 목소리는 아주 작았다. 상사는 이 직원의 자신감이 부족하다고 판단하고 격려 차원에서 그의 사소한 성취를 모두에게 알리며 열심히 칭찬했다. 그런데 이처럼 과장된 칭찬을 받은 부하 직원의 업무 성과는 더 나빠졌다. 그는 칭찬을 받은 날 동료들에게 "과장님이 나한테 더 많은 일을 시키려는 게 아닐까?"라고 물었다고 한다.

번지르르한 말을 잘하는 사람은 칭찬을 받는 것도 아주 좋아한다. 그런데 사람들은 이런 사람에게 칭찬하는 것을 꺼리는 편이다. 왜냐하면, 이 사람은 이미 충분히 우쭐대기 때문이다. 반면 얼핏 보아도 의기소침해 보이는 사람에게는 사람들은 더 칭찬하고 격려해주고 싶어 한다. 하지만 위의 사례처럼 너무 칭찬을 남발하는 것은 역효과를 부를 수 있다.

리사는 노래 부르기를 좋아했다. 부모님도 리사의 노래 실력을 자랑스러워했다. 어느 날, 아버지의 친구가 집에 놀러 왔다. 아버지의 친구는 리사가 노래 부르기를 좋아한다는 말을 듣고 한 곡 들려 달라고 했다. 리사는 약간 수줍어하면서 노래를 불렀다. 그는 즉시 칭찬세례를 퍼부었다.

"정말 대단하구나. 리사, 지금껏 들어본 적도 없는 아름다운 목소리야. 셀린 디옹도 너만큼 하지는 못할걸?"

아버지 친구의 칭찬을 듣고 리사는 이렇게 말했다.

"저는 노래 부르기를 좋아할 뿐이에요. 절대 셀린 디옹과 비교할 수 없어요."

리사의 말에 아버지와 친구는 머쓱해졌다.

풍선은 너무 작게 불면 예쁘지 않지만, 그렇다고 너무 크게 불면 터져버린다. 칭찬도 마찬가지다. 진심을 담은 칭찬은 적당한 선에서 이뤄져야 한다. 그런데 어떤 사람은 시도 때도 없이 일부러 과도한 칭찬을 남발한다. 이런 사람에게 칭찬은 곧 아부다. 온종일 상사의 주위를 맴돌며 과한 칭찬으로 환심을 사서 자신의 목적을 이루려는 속셈이다.

또한, 칭찬은 때와 장소, 대상에 맞게 해야 한다. 나이 어린 청년에게 장수하겠다거나 통통한 사람에게 복스럽게 살쪘다는 말을 칭찬이라고 건넨다면, 분위기는 금세 어색해지기 쉽다.

어떤 사람은 칭찬을 위한 칭찬을 한다. 상사에게 이런 말들을 늘어놓는 부하 직원이 있다고 상상해보자. '부장님처럼 멋진 사람은 못 봤습니다, 말을 정말 듣기 좋게 하시네요, 그런 말은 처음 들어봐요, 정말 현명하고 대단하세요. 부장님이 없었다면, 우리 부서도 지금까지 존재할 수 없었을 거예요, 부장님은 제가 만난 사람 중에 가장 능력 있는 분이세요. 업무든 인격이든 부장님을 따라갈 사람이 없지요.' 이것은 분명히 아첨이다. 이런 말을 듣는 상사는 낯간지러울 뿐 아니라 더 불편하게 느낄 수 있다.

칭찬은 진실한 마음에서 우러나온 것이어야 한다. 제멋대로 아무 말이나 내뱉어서는 안 된다. 내가 하는 칭찬은 칭찬을 받는 상대의 장점과 일치해야 한다. 진심이 묻어나는 정확한 칭찬을 듣기 좋고 자연스러운 말투로 전한다면 주변 사람들의 공감을 끌어낼 수 있다. 당연히 칭찬을 받는 당사자도 만족하며 받아들일 것이다.

칭찬은 사람의 외모와 행동에 대한 일종의 꾸밈말이다. 치장이 너무 과하면 볼썽사나운 것처럼 칭찬도 적당한 곳에 적당한 정도로 덧붙여야 한다. 진솔하면서도 담백한 칭찬을 건네려면, 상대의 겉모습은 물론 그의 내면과 진정한 가치를 파악할 줄 알아야 한다. 그 사람이 어떤 면에서 뛰어난지 제대로 파악하고 그에 맞는 적당한 표현의 칭찬을 때에 맞게 진심으로 한다면 더할 나위 없다. 중요한 것은 칭찬의 정도를 잘 조절하는 것이다. 너무 과한 미사여구로 추켜세워도 안 되지만, 상대가 갖춘 능력과 재능에 걸맞은 칭찬이 필요하다.

○
지나친 자랑은 나쁜 이미지만 쌓는다

자기 자랑으로 다시 화제를 돌려보자. 자신의 장점을 적당한 선에서 드러내는 것은 상대에게 좋은 인상을 남길 수 있다. 그러나 과도한 자랑은 설사 그것이 사실이라고 하더라도 '허풍'으로 보인다. 남에게 허풍 떨기 좋아하는 사람이라는 이미지가 각인되면 겸손한 사람에 비해 평판이 나빠질 수밖에 없다.

> 고대 로마 시대에 마르스라는 영웅이 있었다. 용감하게 전쟁에 나서 여러 차례 로마를 위험에서 구한 그는 '전쟁의 신'으로 불렸다. 오랫동안 전쟁터에서 지내온 탓에 그를 알아보는 사람은 드물었다. 훗날 마르스는 참혹한 전쟁터를 떠나 정계에 입문했다. 그리고 몇 명의 상대 후보들과 더불어 집정관 자리를 놓고 각축을 벌였다. 규정에 따라 이들은 공개 토론회에 참석해 투표권자들의 지지를 얻어야 했다. 자신의 차례가 되자 마르스는 아무 말 없이 옷을 벗고 몸에 난 숱한 상처들을 사람들에게 보여줬다. 사람들은 감동의 눈물을 흘렸고 마

르스는 민심을 얻었다고 생각했다. 그러나 막상 투표일이 되자 마르스는 완전히 다른 태도로 가는 곳마다 일장연설을 늘어놓으며 자신의 공적을 추켜세웠다. 게다가 그는 귀족들만 상대할 뿐 다른 사람들은 거들떠보지도 않았다. 그러자 마르스에 대한 사람들의 인상은 급격히 나빠졌다. 사람들은 '전쟁의 신'이라 불렀던 그를 이제 '허풍쟁이'라며 놀렸다. 결국, 마르스는 선거에서 패배하고 말았다.

사람들은 대부분 입에서 나오는 대로 거침없이 말하는 사람은 품격이 떨어지고 지식도 해박하지 않다고 생각한다. 게다가 자신의 앞에서 허풍을 떠는 사람을 보면, 저 사람이 자기를 놀리는 것인지 갸우뚱한다.

전쟁터의 영웅인 마르스는 허풍을 떨 이유가 전혀 없었다. 그의 몸에 난 수많은 상처는 열 마디 말보다 더 효과적이었다. 그 효과를 직접 체험했으면서도 마르스는 사람들 앞에서 허세를 부리다 실패를 맛보고야 말았다.

흔한 모임에 나가도 마르스와 같은 사람들은 종종 마주칠 수 있다. 이들은 "그때는 말이야" "내가 왕년에는…"과 같은 말로 자랑을 시작하며, 다른 사람들이 감탄해주기를 바란다. 그러나 이러한 방법은 남들에게 공감은커녕 반감만 일으킬 뿐이다.

만약 내세우고자 하는 성취가 과거의 것이라면 그것은 자신의 기억 속에만 남겨두는 편이 낫다. 공개적인 장소에서 먼 과거의 공적까지 들춰 자화자찬하면 겉으로는 칭찬을 받더라도 절대 인정을 받을 수는 없다. 누군가 옆에서 내 과거를 언급하며 칭찬하더라도 내가 그보다 앞서 너 돋보이려고 하지 않는 것이 좋다. 이와 관련한 우스갯소리가 있다.

세 사람이 서로 질세라 허풍을 떨고 있었다.

첫 번째 사람이 말했다.

"나는 손을 뻗으면 하늘까지 닿아."

두 번째 사람이 지지 않고 말했다.

"나는 고개를 들면 하늘에 닿지."

그러자 세 번째 사람이 중얼거리며 말했다.

"나야말로 대단하지. 말을 한 번 하면 윗입술은 하늘을 떠받치고 아랫입술로는 땅을 치거든."

그러자 첫 번째 두 번째 사람이 그에게 물었다.

"그렇다면 자네 얼굴은?"

그러자 그는 이렇게 말했다.

"허풍 떠는 사람은 얼굴이 필요 없지."

다른 사람이 나에게 무언가를 부탁했을 때도 마찬가지다. 내가 할 수 있는 일이라면 흔쾌히 승낙하되 너무 지나친 장담은 하지 않는 편이 좋다. 나만 믿으라는 식의 과장된 자신감 역시 허풍으로 비칠 수 있다. 더군다나 예상치 못한 일이 발생해 부득이하게 그 일에서 손을 떼야 할 경우, 허풍에 가까운 자신감을 내비쳤던 사람은 필요 이상으로 신임을 잃게 된다.

이처럼 허풍은 결코 장점이 아닌데도 우리 주변에서 자주 허풍 떠는 사람을 볼 수 있다. 이들은 원래 자기 자랑을 좋아하는 경향도 있지만, 허세를 부리지 않으면 다른 사람이 자신을 깔볼 것이라고 여긴다. 그래서 허풍을 떨며 안절부절못하다가 결국 미움만 사게 된다. 적당한 선의 자기 자랑으로 자신감을 드러내는 것은 분명히 장점이 있다. 그 정도를 잘 조절해 다른 사람에게 진정한 능력을 인정받고 스스로 만족감 또한 채울 수 있어야 한다.

2장 | 듣는 사람에게
독이 되는 말

비주얼 시대, 말에도 '비주얼'이 있다

심리학자 칼 호블랜드Carl Hovland는 정보의 신뢰도와 관련해 '수면자 효과Sleeper effect'라는 개념을 제시했다. 보통 신뢰도가 높은 사람의 말이 설득력 또한 높을 것으로 생각하지만 수면자 효과에서는 그 반대 현상이 나타난다. 즉, 신뢰도가 낮은 출처에서 비롯된 정보의 설득력이 시간이 흐를수록 높아지는 것이다. 반면에 신뢰도가 높은 정보의 설득력은 점점 감소한다. 시간이 지나면서 사람들의 기억 속에는 핵심적인 메시지만 남고 주변 정보는 희미해지기 때문이다.

어떤 남자가 여자에게 "당신은 참 아름다워요"라고 했다고 상상해보자. 설사 여자가 이 남자를 평소에 그다지 신뢰하지 않았더라도 시간이 흐르면 여자의 기억에는 자신의 기분을 좋게 한 이 말만 뚜렷하게 남게 된다. 누가, 어디에서, 어떤 환경에서 말했는지에 관한 정보는 흐릿해진다.

이러한 기억은 여자에게 즐거운 경험으로 남는다. 그 남자가 다시금 칭찬하면, 여자는 그가 전에도 그런 말을 한 적이 있다는 사실만 떠올리게 된다. 그 남자가 신뢰할만한 사람이 아니었다는 기억보다 그 메시지가 더 강하게 남는다. 이런 상황이 거듭되면 여자는 그 남자에 대해 점점 긍정적으로 변하게 된다.

이처럼 사람들은 듣기 좋은 정보만 기억에 남기고 나쁜 정보는 지우는 경향이 있다. 다시 한번 이점을 상기하자. '듣기 좋은 정보'의 기준은 말하는 사람이 아니라 듣는 사람이다. 내가 하는 말이 좋고 나쁨보다 그 말이 상대에게 적절한지 생각해야 한다. 나는 솔직하게 말했을 뿐 악담한 것이 아니라고 생각하겠지만, 그 말이 듣는 사람에게는 상처가 될 수 있다. 그 상처는 곧 나에게도 영향을 미친다.

의사가 이미 치료 시기를 놓친 위중한 환자에게 "왜 이렇게 말랐어요? 안색이 너무 안 좋아요! 왜 이제야 오셨어요?"라며 호들갑을 떤다면, 환자는 더 깊은 절망을 느낄 수 있다. 반대로 의사가 말하는 방식을 바꾼다면 어떨까? "더 늦지 않아 다행이에요. 시간 맞춰 약을 잘 드시고 휴식을 취하시면 분명히 좋아질 겁니다." 그러면 환자에게도 큰 격려가 될 것이다.

다른 예를 들어보자. 새 옷을 산 아내가 남편에게 보여주며 의견을 묻는다. 남편은 그 옷이 아내에게 그다지 어울리지 않는다고 생각한다. 아내에 대한 배려가 부족한 남편이라면 그런 생각을 독설에 가깝게 쏟아낼 것이다. "아무래도 당신은 미적 감각에 문제가 있는 것 같아. 그 나이에 그렇게 튀는 색 옷을 골라?" 이 말을 들은 아내는 당연히 자존심에 상처를 입는다.

다른 사람의 집에 식사 초대를 받은 경우도 생각해보자. 식사후에 주인이 후식으로 과일을 내왔는데 손님은 배도 부른 데다과일은 별로 좋아하지 않는다. 그렇다고 굳이 그런 생각을 주인에게 말로 표현할 필요는 없다. 아내의 옷을 품평한 남편이나 초대받은 손님이나 얼마든지 더 완곡한 말로 대응할 수 있다. 때에 따라서는 인사치레만 해도 충분하다.

> 진왕秦王과 중기中期 사이에 논쟁이 벌어졌다. 이 논쟁의 승기는 중기가 잡았다. 진왕을 누른 중기는 기세등등하며 황궁을 빠져나갔다. 화가 난 진왕은 중기를 죽여서 한을 풀겠다고 결심했다. 이때 중기와 친구인 한 신하가 급히 말했다.
>
> "중기라는 사람은 그야말로 폭도라서 규칙을 전혀 이해하지 못합니다. 그가 다행히 황제와 같은 현명한 군주를 만나서 망

정이지, 만일 그가 폭군을 모셨다면 진즉에 목숨을 잃었을 것
입니다!"

진왕은 그의 말을 듣고 더는 중기에게 죄를 묻지 않았다.

만일 노발대발하는 진왕 앞에서 중기의 친구가 직접 중기 편
을 들며 죽이지 말라고 간청했다면, 분명 불난 데 기름 붓는 격이
었을 것이다. 다행히 그는 완곡한 표현으로 진왕의 심기를 달래
면서도 더 깊은 의미를 담을 수 있었다. 즉, 친구의 경솔함을 질
책하는 동시에 진왕의 너그러움을 칭찬한 것이다. 이로써 진왕의
노여움은 사그라질 수 있었다.

사람이라면 누구나 듣기 좋은 말에 혹한다. 외모를 중시하는
요즘 세상에 어쩌면 말하는 솜씨도 '비주얼'의 영역에 속한다. 좋
은 말은 곧 사람 사이의 관계를 형성하고 지속하는 데 지대한 큰
역할을 한다. 칭찬은 따스한 봄기운과도 같아서 낯선 사람들도
곧 가까워질 수 있게 한다. 또한, 마르지 않는 샘물이 숲의 초록을
지키듯이 칭찬은 우정이라는 나무를 자라게 하고 꽃을 피운다.

우리는 몇 마디의 가벼운 말로, 또는 눈빛으로 다른 사람을 칭
찬할 수 있다. 때로는 격려의 손짓을 보이거나 박수를 보낼 수도
있다. 평소에 주변 사람들에게 듣기 좋은 칭찬과 격려의 말을 자
주 건넨다면 생각지도 못한 행운이 찾아올 수도 있다.

상대가 실수했을 때 "틀렸어"라고
면박 주지 말자

사람이라면 누구나 피해갈 수 없는 것이 있다. 바로 실수다. 살다 보면 다른 사람의 잘못을 지적해줘야 할 때도 있는데, 자칫 이 과정에서 미움을 사기 쉽다. 어쩔 수 없이 지적해야 한다면 이것 역시 좀 더 듣기 좋은 방법을 찾아야 한다. 실수한 친구에게 다짜고짜 "네가 틀렸어"라고 말한다면, 상대는 면박을 당했다는 기분이 앞설 것이다.

> 한 젊은 변호사가 중요한 소송 사건에서 변론을 맡았다. 재판정에서 판사는 이렇게 말했다.
> "해양법의 공소시효는 6년입니다. 이 법률에 근거해….'
> 판사의 말이 끝나기도 전에 젊은 변호사는 그의 말을 끊었다.
> "아닙니다. 판사님이 잘못 아셨습니다. 해양법에 공소시효는 존재하지 않습니다."
> 법정은 쥐죽은 듯 조용해졌다. 판사도 자신이 잘못 말한 것을 깨달았다. 판사는 너무 부끄럽게 여긴 나머지 하얗게 질린 얼굴로 아무 말도 하지 못했다. 사실을 말했을 뿐이었던 변호사도 이런 상황은 예상하지 못했던 터라 당황했다.

수잔이 회사에 출근한 첫날에 저녁 늦게까지 초과 근무를 하게 됐다. 수고한 직원들을 격려하는 차원에서 사장은 모두 노래방에 가자고 제안했다. 수잔과 동료들은 흔쾌히 따라나섰다. 노래방에 들어선 수잔은 문과 가장 가까운 소파에 자리를 잡았다. 뒤늦게 도착한 사장은 소파 자리가 이미 다 찬 것을 보고 수잔 옆에 놓여 있던 간이 의자에 앉았다. 잠시 후 사장이 자리를 뜨자 한 남자 동료가 느닷없이 수잔을 질책했다. "어쩜 그렇게 눈치가 없어요? 사장님이 옆에 앉았으면 자리를 양보해야죠!" 한 번도 그렇게 큰 소리를 들어본 적이 없던 수잔의 얼굴은 목까지 순식간에 달아올랐다. 억울한 마음에 눈물이 나면서도 자책했다. 남자 동료는 그저 수잔에게 처세술을 알려줬을 뿐이라고 생각할지 모른다. 그러나 그렇게까지 수잔을 몰아세우고 분위기를 망칠 필요는 없었다. 더욱이 수잔을 탓하기 전에 자기가 먼저 사장에게 자리를 양보했더라면, 분위기도 살리고 자신도 배려심 많은 사람으로 더 인정받을 수 있지 않았을까?

자신에 대한 비판을 받아들이기는 쉽지 않은 일이다. 어떤 사람들은 유독 자신이 저지른 잘못은 인정하지 못하고 자기방어로만 일관한다. 사실 사소한 잘못이라도 이를 곧바로 인정하고 바로잡는 사람은 흔하지 않다. 많은 사람이 독단과 고집, 질투, 의심, 지나친 두려움이나 오만과 같은 결점을 갖고 있기 때문이다. 그래서 자신의 실수가 분명한 상황에서도 외부적인 원인을 강조하며 회피하려는 경우가 종종 발생한다.

> 한 부인은 인테리어 디자이너에게 집안 커튼 설치를 맡겼다. 설치가 다 완료된 후 명세서를 받은 그녀는 터무니없는 가격에 깜짝 놀랐다. 며칠 후, 집에 놀러 온 친구와 새 커튼에 관해 이야기했다. 친구는 분명히 인테리어 디자이너가 바가지를 씌운 것이라며 발끈했다. 부인도 그렇게 생각은 했지만, 자신이 한 거래가 잘못됐다는 것을 받아들이기 힘들어 다른 핑계를 댔다. "비싼 데는 다 이유가 있는 거지." 부인과 친구는 커튼 가격을 두고 오후 내내 입씨름했고 서로 언짢은 기분으로 헤어졌다.

사람들은 대부분 자신이 저지른 잘못이나 잘못된 선택을 인정하지 않으려고 한다. 하지만 상대가 우호적으로 분위기를 이끈다면 잘못을 인정하고 자신의 솔직함에 스스로 뿌듯해할 수도 있다.

반대로 내가 인정하기 어려운 일을 상대가 직접 지적한다면 내 잘못인 줄 알면서도 다른 사람 앞에서 수긍하지 못할 것이다. 누구에게나 이런 심리가 있다. 그렇지 않아도 자신의 잘못을 쉽게 인정하지 못하는 상대를 '정확함'을 빌미로 더 난처하게 만들 필요는 없다.

> 자동차 대리점을 운영하는 한 남자는 고객이 불만을 제기할 때마다 무심한 표정으로 자신의 잘못을 인정하지 않았다. 그리고 언제나 문제의 원인을 고객에게 돌리며 책임을 회피했다. 그러다 고객과 법적인 다툼을 벌이는 상황도 벌어졌다. 이런 일이 거듭되면서 이 남자의 기분은 갈수록 상했고 장사도 되지 않았다. 그는 불만을 제기하는 고객을 대하는 자신의 태도에 변화를 주기로 했다. 고객 탓을 하기 전에 먼저 대리점 측에도 책임이 있다는 것을 인정하고 사과하며 협조를 구했다. 그러자 고객들은 즉시 마음을 열고 감정적으로 대응하는 대신 이성적으로 협상에 응하기 시작했고 문제는 신속하게 해결됐다. 이후 이 대리점의 영업 실적은 승승장구했다.

상대만 틀렸다고 몰아붙이면 해결점을 찾기 어려워진다. 다른 사람의 잘못에는 예민하게 굴면서 내 잘못에는 너그러운 태도를 보인다면 대화를 이어갈 수 없다. 각자 자신의 잘못은 솔직히 인정할 때 불필요한 논쟁을 피할 수 있다. 또한, 나에게도 책임이 있다는 것을 먼저 인정하면 상대도 협조적인 태도를 보일 것이다.

퉁명한 말투는 상대에게 큰 상처를 준다

고대 중국에서는 군자란 '삼화三和'를 갖춰야 한다고 했다. '말이
온화하고 몸이 친화하고 마음이 온화해야 한다'는 뜻이다. 그중
에서 첫 번째로 손꼽힌 말의 온화함이란 말로써 상대를 즐겁게
해야 한다는 의미다. 하지만 요즘 우리는 날카롭고 냉소적인 말
로 다른 사람에게 상처를 줄 때가 많다.

> 한 어머니는 외국에서 일하는 아들에게 전화를 걸어 언제 집
> 에 오는지 물었다. 아들은 어머니의 전화가 성가셨다.
> "아직 바쁘다니까요. 말씀드렸잖아요."
> 어머니는 전화를 끊으며 서운한 마음에 중얼거렸다.
> "도대체 뭐 때문에 바쁜지 알 수가 있어야지."
> 시간이 어느 정도 흐른 뒤 어머니는 다시 아들에게 전화를 걸
> 었다. 아들의 말투는 더 퉁명했다.
> "또 무슨 일이세요? 지금 중요한 일이 있어서 끊을게요."
> 어머니의 말이 끝나기도 전에 아들은 전화를 끊어 버렸다.

상대를 귀찮아하는 말투는 상대의 감정에 큰 상처를 준다. 성
가셔하는 말 한마디로 동료들은 서로 어색해질 수 있고 친밀했던

사이도 멀어질 수 있다.

이러한 말투는 조급한 마음에서 비롯된다. 일찍이 인광대사印光大師는 '가장 좋은 기분은 고요하고 침착한 마음'이라고 했다. 수면이 잔잔해야 달빛을 온전히 반영할 수 있고 마음이 평온해야 좋은 정보를 받아들일 수 있다. 인생의 성공 또한 안정적인 심리 상태의 유지에 달려 있다. 늘 우리에게 들이닥치는 조급함을 이겨내는 것이 중요하다.

> 한 젊은이가 강가에서 낚시를 하고 있었다. 그의 옆에는 한 노인이 앉아서 긴 낚싯대를 바라보고 있었다. 시간이 흐르자 노인은 연거푸 은빛이 반짝거리는 물고기를 낚아 올렸다. 젊은이의 낚싯대는 '입질'도 전혀 없었다.
>
> 젊은이가 노인에게 물었다.
>
> "왜 어르신만 물고기를 낚는 것인가요?"
>
> 노인은 미소를 지으며 말했다.
>
> "그건 자네가 조바심을 내기 때문이야. 나는 그저 조용히 앉아서 기다릴 뿐이지. 자네처럼 걸핏하면 낚싯대를 건드리거나 한숨을 쉬지 않지. 내가 고요히 있으니 물고기들도 내 존재를 알아차리지 못하는 거야. 그래서 내 주변으로 와서 미끼를 무는 것이지."

우리가 상대에게 지는 이유가 외부적인 조건에만 있는 것은 아니다. 내 조건이 더 유리할 때도 질 수 있다. 핵심은 조급한 마음을 얼마나 잘 다스리느냐에 있다. 성공한 사람들은 공통적으로 조바심을 극도로 경계한다. 그들은 심신을 가나듬고 평정심을 유지하는 데 능하다. 이처럼 침착한 마음은 여러 문제를 해결하는 데 결정적인 요소가 된다.

다른 사람에게 절대 뒤처지는 상황이 아닌데도 자기가 다른 사람보다 못하다고 낮게 평가하는 사람들이 꽤 많다. 그런가 하면, 다른 사람의 성공을 그저 운이 좋았을 뿐이라고 깎아내리는 사람도 있다. 이런 사람들은 다른 사람의 성공 비결을 탐구할 생각은 하지 않고 자신의 나쁜 운만 한탄한다. 이렇게 되면 다른 사람의 성공은 질투나 비방의 대상이 된다. 이 또한 조급한 마음을 드러낸 것이라고 볼 수 있다.

마음이 급한 사람은 모든 일이 자신의 예상대로 진행되지 않을까 봐 노심초사한다. 주변 상황의 변화에 적응할 여유도 없고 자신의 예상과 다른 결과가 나오는 것을 받아들이지도 못한다. 다른 사람과 교류할 때는 반드시 자기 감정을 조절하는 법을 배워야 한다. 감정의 기복에 따라 조급함을 내비친다면 상대는 물론 자신에게도 이로울 것이 없다.

느리다고 "바보 같다"며 자존심 해치지 말자

학습하는 속도가 느리면 바보 같다고 놀리는 이들이 있다. 행동이 굼떠도 바보라고 한다. 세상에서 가장 바보는 신생아인지 모른다. 혼자서 할 줄 아는 것이 없지 않은가? 그래도 그런 아기를 바보라며 깔보지는 않는다. 그렇다면, 바보란 무엇일까?

이 말은 다른 사람과의 비교에서 비롯한 아주 인위적인 개념이다. 나는 다른 사람보다 걸음이 어눌해서 바보 같고 다른 사람만큼 말솜씨가 좋지 못해서 바보 같다. 내 눈에 쉬워 보이는 문제를 아이가 얼른 풀지 못하면 바보 같다며 면박을 준다. 이런 말은 아이의 자존심에 큰 상처를 준다.

아이들 대부분이 자신감을 타고난다. 그러나 외부적인 요인과 내부적인 요인이 상호작용하면서 자라는 동안 자신감이 줄어드는 경우가 많다. 외부적인 요인으로는 억압적인 평가와 실패의 경험이 포함된다. 내부적인 요인으로는 자존심의 상처로 인한 자기 조절 능력의 부족을 들 수 있다. 학급에서 관심을 받지 못하고 단체 생활에서 자신을 드러낸 기회도 없는 데다 집에서마저 부모에게 자주 혼이 나는 아이라면 결국 자신감을 잃기 쉽다. 이와 관련해 상기해야 할 것은 바로 교육학에서 유명한 로젠탈 효과Rosenthal effect다.

미국의 심리학자인 로버트 로젠탈Robert Rosenthal은 1966년에 학생들에 대한 기대 효과를 실험했다. 로젠탈은 '장래가 가장 촉망되는 학생들'의 명단을 교장에게 전달했고 교장은 이를 담임교사에게 전했다. 약 6개월 후에 다시 이 학급을 방문했을 때, 명단에 오른 학생들의 성적이 크게 올라 있었다. 그 이유는 아주 간단했다. 교사가 그들에게 더 큰 관심을 보였기 때문이다.

세상의 모든 아이는 저마다 재능을 갖고 있다. 이러한 재능이 얼마나 실현되느냐는 아이를 대하는 부모와 교사의 태도에 따라 달라진다. 대부분 아이의 성장 방향은 부모와 교사의 기대를 반영한다. 주변의 어른들이 아이가 어떤 사람이 되기를 원하는지에 따라 아이는 그런 사람이 될 수 있다. 그래서 "너는 정말 바보 같구나"와 같은 말은 절대로 해서는 안 된다.

아즈라는 아이가 있었다. 아즈는 공부는 뒷전이고 놀기 바쁜 개구쟁이였다. 수업 시간에도 다른 데 정신이 팔렸다. 수학 시간에는 유난히 산만했다. 집에서 수학 숙제를 할 때면 엄마는 옆에서 지켜보다 항상 아즈를 타박했다.
"이 바보야! 그것도 틀려?"
의기소침해진 아즈의 수학 성적은 갈수록 떨어졌다.

이것은 엄마의 부정적인 암시가 아즈에게 심리적으로 작용한 결과다. 현명한 부모는 절대 자녀를 '바보'라고 부르지 않는다. 이러한 말은 아이의 지능 개발에도 매우 좋지 않다. 성적이 좋지 않으면 함께 원인을 찾고 해결해야지 아이를 나무라면 안 된다.

슈허의 엄마는 어렸을 때 피아니스트가 되고 싶었지만, 집안 사정으로 피아노를 전공하지 못했다. 엄마는 슈허가 자신이 이루지 못한 꿈을 이루기를 바랐다. 넉넉하지 않은 형편이었지만, 슈허의 엄마는 비싼 레슨비도 마다치 않았다.

엄마는 슈허의 귓가에 속삭였다.

"엄마는 모든 희망을 너에게 걸었어. 그러니까 열심히 연습해야 한다."

슈허는 열심히 연습했지만, 마음만큼 실력이 늘지 않았다. 어느 날 연습곡을 치며 연거푸 실수하는 슈허에게 엄마는 이렇게 다그쳤다.

"어쩜 이렇게 바보 같니. 다른 애들은 잘만 치는데 너는 이렇게 간단한 곡도 못 치니!"

이 말을 들은 슈허는 아무 말도 못 하고 눈물만 흘렸다. 활발하고 명랑했던 슈허는 점차 내향적으로 변해갔다. 갈수록 열등감이 커지고 다른 사람과의 소통을 원하지도 않게 됐다. 1년 후에 슈허는 자폐증으로 병원에 입원했다.

인간은 누구나 인정과 사랑을 받고 싶은 욕구가 강하다. 아이들도 마찬가지다. 어떤 사람과 이야기를 나누든 상대의 자존심을 해치는 말을 해서는 안 된다. 비판이나 거절을 해야 하더라도 사실에 집중해야지 상대가 공격적으로 받아들일 수 있는 말은 피해야 한다. '나무는 껍질이 필요하고 사람은 얼굴이 필요하다'라는 말이 있다. 여기에서 말하는 '얼굴'은 곧 자존심을 의미한다. 자존감이 낮아 자아를 잃게 되면 남을 해치는 단계로 발전할 수 있다. 그래서 우리는 더욱 다른 사람에게 상처가 되는 말을 조심해야 한다.

설령 현재 일하는 곳에서 능력 발휘를 하지 못하는 사람이라도 무시해서는 안 된다. 그 사람도 생각과 자존심이 있다. 그가 다소 무능해 보이는 것도, 현재 자리가 그에게 맞지 않거나 아직 재능을 발견할 기회가 없었기 때문인지도 모른다. 특출한 재능이 없더라도 근면하고 최선을 다하는 태도를 보인다면 그것만으로도 그를 무시할 이유는 없다. 상대가 누구든지 가치를 인정하고 개인적으로 싫어하는 태도를 보여서는 안 된다.

더군다나 능력이 있는 사람에게도 자존심을 다치게 말하는 이들이 있다. 자존심이 강한 사람은 어떤 일을 맡든지 남에게 뒤처지지 않으려고 노력한다. 구태여 이런 사람을 다그칠 필요가 있을까? 그것도 자존심에 상처를 내면서 말이다. 현명한 사람이라면 다른 사람의 자존심을 보호하려고 노력할 것이다.

사람마다 자존심에 상처를 입는 정도는 다르다. 그에 대한 반응도 다르게 나타난다. 어떤 사람은 상처를 준 사람을 원망한다. 심지어 배척하거나 증오하기도 한다. 상사로부터 상처를 입은 직원이라면 다른 부서로 옮기길 원할 것이다. 부서 이동이 여의치 않으면 상사가 뭐라 하든 흘려듣는 방법을 택할지도 모른다. 이런 상황에서 업무가 어떻게 잘 진행될 수 있을까?

자존심을 완전히 잃어버린 경우는 더 심각하다. 이런 사람은 자신이 상처를 입었다는 사실조차 인지하지 못하고 '나는 원래 그런 사람'이라는 식으로 자포자기한다. 일에 대한 흥미도 의욕도 모두 잃어버릴 수도 있다.

힘든 상대에게 "너 이럴 줄 알았다"면서 뒷북치지 말자

'사후 제갈량事後諸葛亮'이라는 말이 있다. 이 말은 '뒷북'을 의미한다. 중요한 순간에는 아무 말도 하지 않다가 나중에야 자신이 모든 것을 다 알고 있었던 것처럼 헛소리를 늘어놓는 것이다. 이런 사람들은 어떤 일이 벌어지고 나면, "그러게 내가 이렇게 될 거라고 했잖아"라고 말한다. 마치 자기 말을 듣지 않아서 이 지경이 된 것처럼 상대에게 책임을 전가한다. 이러한 태도는 상대를 무시하고 조롱하는 것처럼 보인다. 일반적인 상황에서도 그렇지만, 더욱이 직장에서 '사후 제갈량'은 절대 하지 말아야 한다. 적시에 취하지 않은 행동은 나중에 떠벌려봐야 아무런 가치가 없다. 경영자 입장에서 필요한 인재는 기회를 포착하고 닥칠 수 있는 위험을 미리 경고할 수 있는 사람이지, 현장을 방관하다 나중에야 아는 척하는 사람이 아니다. 태풍이나 지진이 이미 휩쓸고 간 뒤에 경보를 울린들 무슨 소용이 있을까?

능력 있는 직원은 필요한 때에 자신의 의견을 소신껏 표현한다. 그 표현이 이치에 맞는다면 리더는 분명 귀를 기울일 것이다. 만일 책임을 질까 두려워 한발 물러서느라 입을 열지 못했다면, 차라리 끝까지 모른 척하는 것이 낫다. 위험한 상황이 이미 벌어졌거나 간신히 수습된 뒤에야, '나는 이럴 줄 알았다'라는 식으로 뒷북을 친다면 자신이 정작 필요한 순간에 수수방관했음을 자백하는 꼴이다. 게다가 갑자기 닥친 위기를 헤쳐 나오느라 수고한 고용주나 동료들에게 돌을 던지는 격이다.

> 대학을 갓 졸업한 리닝은 베이징에서 일자리를 찾고 있었다. 대기업을 동경했던 리닝은 베이징에서 가장 규모가 큰 회사 세 곳에 이력서를 넣었다. 운 좋게도 모든 회사에서 면접 연락이 왔다. 리닝의 마음속에는 가고 싶은 회사 1순위, 2순위, 3순위가 정해져 있었다. 면접을 모두 마친 후 합격 소식을 가

장 먼저 알린 곳은 2순위 회사였다. 1순위 회사의 발표가 아직 나지 않은 때라 리닝은 고민이 많았다. 하룻밤 내내 고민한 끝에 리닝은 2순위 회사의 제안은 거절하기로 했다. 이 모습을 지켜본 친구 왕팡은 2순위 회사도 좋은 데고 요즘 경기도 좋지 않다며 리닝의 결정을 탐탁지 않아 했다. 하루 뒤에 3순위 회사에서도 합격 소식을 알렸다. 여전히 1순위 회사의 소식을 기다리던 리닝은 3순위 회사의 제안도 거절했다. 하지만 이틀이 지나도 1순위 회사에서는 연락이 없었다. 리닝은 기대를 접고 허한 마음에 베란다에서 책을 읽고 있었다. 왕팡은 두 회사의 취업을 포기한 리닝을 탓하며 잔소리를 늘어놓았다. 왕팡의 말을 들은 리닝은 더욱 울적해졌다. 그런데 다음 날, 리닝은 드디어 1순위 회사로부터 합격 통지를 받았다. 회사 대표가 출장 중이어서 결정이 늦어졌다고 했다. 그러자 왕팡은 리닝보다 더 흥분하며 말했다.

"역시 기다린 것이 맞았구나! 네가 운이 좋을 줄 알았다니까!"
하지만 리닝은 왕팡의 말이 반갑지 않았다.

왕팡의 행동이 바로 '사후 제갈량'의 전형이다. 이런 경솔함은 친구와 우정을 유지하는 데 좋지 않다. 실의에 빠진 친구에게 "내가 진즉에 그럴 줄 알았지"라는 말을 해서 뭣 하겠는가? 이러한 말은 그렇지 않아도 힘든 사람을 더 깊은 구렁텅이로 몰아넣을 뿐이다. 아무리 걱정이 되어 한 말이더라도 듣는 처지에서는 위로는커녕 조롱으로 들린다.

한 여자기 회사에 새로 입사한 남자 동료와 사랑에 빠졌다. 어느 정도 교제를 한 뒤, 여자는 남자를 부모님에게 소개했다. 부모님은 매우 진지하게 남자를 대했다. 여자는 부모님이 남자를 인정한 것으로 생각하고 기쁘게 여겼다. 그런데 남자가 간 뒤에 부모님은 딸에게 남자와 헤어질 것을 권했다. 놀란 여자가 그 이유를 묻자 아버지는 말했다.

"그 사람을 잘 대해준 것은 네 체면을 생각해서였어. 우리가 보기에 아무래도 그 사람은 성실한 사람은 아닌 것 같구나. 우리가 묻는 말에 대충 대답하고 심지어 앞뒤 말이 맞지도 않았어."

여자는 강하게 반박했다.

"두 분이 처음부터 너무 꼬치꼬치 물어보시니까 그 사람이 긴장한 거죠. 우리는 절대 헤어지지 않을 거예요."

부모님은 고개를 저으며 한숨을 쉬었지만 어찌할 도리가 없었다. 몇 개월 뒤, 여자는 우연히 남자에게 다른 여자가 있다는 것을 알게 됐다. 자기보다 더 조건이 좋은 부잣집 딸이었다. 상심한 여자는 휴가를 내고 집으로 돌아가 방에만 틀어박혀 있었다. 속상한 어머니는 자신들의 말을 듣지 않은 딸을 타박했다. 여자는 이불을 뒤집어쓰고 돌아 누워버렸다.

간혹 우리는 상대를 걱정하는 마음에 충고를 한다. 이럴 때는 언제나 조심스럽다. 내 말에 상대가 상처받지 않기를 바라고 지금의 좋은 관계에 금이 가지 않기를 바란다. 하지만 상대가 꼭 내 충고를 들어야 하는 법은 없다. 어차피 우리에게는 각자 살아가야 할 길이 있다. 그 길의 끝에서 우리는 최후의 승자가 될 수도 있고 패자가 될 수도 있다.

결과에 따라 우리는 과거를 돌아보며 후회하기도 한다. 그래도 괜찮은 척한다. 내가 잘못했다고 깨달은 것, 또는 후회하는 것을 내 입으로 말하기 겸연쩍기 때문이다. 옆에서 군이 사후 제갈량 노릇을 하지 않아도 이미 본인들이 알고 있다.

옆에서 해줄 것은 따뜻한 말 한마디다. 묵묵하게 지금의 어려운 시간을 함께해준다면, 실의에 빠진 상대는 시간이 흘렀을 때 내 말에 더 귀 기울이게 될 것이다. 지금 그에게 필요한 것은 따스한 포옹이지 잔소리와 냉소는 아니지 않겠는가?

흘려듣거나 대꾸가 없다면
'내가 우습나요?'로 들린다

인간관계의 소통에서 가장 중요한 것은 바로 상대를 존중하는 태도다. 상대가 나를 좋아하게 만들고 싶다면, 우선 내가 상대를 존중해야 한다. 비위를 맞추거나 아첨하는 것과는 다르다.

다른 사람의 말에 호응하는 것도 잘못하면 역효과를 부를 수 있다. 예를 들어, 상대가 하는 말을 듣고 그저 크게 웃어 넘겨버리면, 때에 따라 상대가 무시당했다고 느낄 수 있다. 자기 말을 귀 기울여 듣지 않고 농담으로 치부해버린 것처럼 오해한 사람은 자존심에도 상처를 입게 된다. 더 크게는 애초에 자신을 중요하게 생각하지 않는 사람이었다고 해석할 수도 있다.

존중의 대상은 우리 주변의 모든 사람이다. 사람들은 대개 직장 상사나 사회 지위가 높은 사람, 이름이 널리 알려진 사람에 대해서는 존중하는 태도를 보인다. 하지만 주변의 평범한 사람들은 무의식적으로 홀대하기 쉽다. 행색이 초라한 사람이라면 더 말할 것도 없다. 존중은 고사하고 그들과 말을 섞는 것조차 피하는 이들도 있다. 그러나 상대가 가진 것이나 겉모습에 따라 차별하는 사람이라면 언젠가 자신도 같은 이유로 푸대접을 받을 수 있다.

10여 년 전, 어느 회사의 부국장은 엘리베이터에서 처음 보는 사람들과 마주쳤다. 한 사람은 같은 회사의 과장이었고 나머지 세 사람은 다른 회사의 과장이었다. 다른 회사의 과장들은 옷차림도 더 단정하고 근사해 보였다. 부국장은 행색이 별 볼일 없는 자기 회사 사람은 본체만체하고 다른 회사의 과장들에게만 듣기 좋은 말을 하느라 여념이 없었다. 10년 후, 엘리베이터에서 마주쳤던 볼품없는 과장은 국장으로 승진하며 승승장구했다. 반면, 부국장은 제자리걸음이었다. 결국, 부국장은 오래전 엘리베이터에서 눈길도 주지 않았던 사람을 같은 부서의 국장으로 모시게 됐다.

이유 여하를 막론하고 우리는 누구나 존중하는 태도로 대해야 한다. 위 사례는 우리가 그런 자세를 가져야 할 현실적인 이유도 제시해준다. 세상일은 어떻게 될지 모른다. 비록 지금은 초라해 보이는 사람이라도 현재 행색이 그 사람의 미래를 결정짓는 것은 아니다. 지금은 상상이 가지 않더라도 내가 그 사람과 나중에 어떤 관계를 맺게 될지, 어떤 일을 함께하게 될지는 아무도 모른다. 그러니 누구도 쉽게 대하거나 무시해서는 안 된다.

다른 사람에 대한 존중은 인간으로서 갖춰야 할 최소한의 덕목이다. 상대를 존중한다는 것은 상대를 그만큼 더 깊이 이해하는 것이며, 이를 통해 상대는 물론 자기의 장단점도 파악할 기회가 된다. 상대를 존중할 때 그 또한 나를 존중할 것이다. 다른 사람을 존중하는 것은 곧 자기를 존중하는 것이다. 같은 이치로 다른 사람을 하찮게 여기는 것은 언젠가 자기 발등을 찍는 꼴이 될 수 있다.

리강은 한 회사의 고객 서비스직에 지원했다. 몇 차례의 시험을 모두 통과한 뒤, 최종 단계인 사장 면접을 보기 위해 사장실의 문을 두드렸다. 사장은 한동안 아무 말도 하지 않더니 리강에게 이제 나가보라고 했다.

"네? 저는 아직 자기소개도 하지 않았는데요."

어리둥절한 리강의 반응에도 사장은 아랑곳하지 않았다. 영문도 모른 채 사장실에서 나온 리강은 아래층으로 내려와 잠시 숨을 고르고 있었다. 그때 30킬로그램은 족히 되어 보이는 커다란 쓰레기봉투를 든 중년의 아주머니가 리강 쪽으로 걸어왔다. 리강은 아주머니에게 달려갔다.

"아주머니, 제가 도와드릴게요. 어디로 가져가면 돼요?"

"저기 앞에 있는 쓰레기장이요."

아주머니는 300미터 거리에 있는 쓰레기장을 가리켰다. 함께 쓰레기봉투를 옮기는 사이 아주머니는 이렇게 도와준 사람은 처음이라며 리강을 칭찬했다. 쓰레기봉투를 놓고 돌아가려는 리강에게 아주머니가 이렇게 말했다.

"잠깐만요. 사장님 사무실에 다시 가 보세요."

아주머니의 말에 리강은 당황했다.

"네? 무슨 말씀이세요?"

"사장님이 나한테 부탁했거든요. 젊은이가 날 도와주면 면접을 다시 보러오라고 이야기하라고요."

쓰레기봉투를 옮기는 아주머니는 당연히 사장이 처음부터 기획한 면접의 일부였다. 쓰레기를 운반하는 별 볼 일 없어 보이는 낯선 사람에게도 공손한 태도를 보이는 지원자라면 어떤 일이든 맡겨도 좋다고 사장은 판단했던 것이다. 여기에서 중요한 것은 바로 어느 상황에서든 상대를 존중할 줄 아는 태도다.

생존에 필요한 요건이 갖춰진다면 인간은 누구나 존중받기를 바란다. 자신의 인격이 정당한 대우를 받고 가치를 인정받기 원하는 것은 당연한 이치다. 그래서 내 존재를 중요하게 여기는 상대를 보면, 그에게 호감을 느끼게 된다.

그런데 간혹 스스로 대단하다고 생각하면서 주변의 다른 사람들은 그만큼 존중하지 않는 사람이 있다. 이런 사람은 무심결에 주변 사람들을 업신여기는 태도를 보이고 그 결과 많은 친구를 잃게 된다.

그렇다면 내가 상대를 존중한다는 것을 어떻게 상대에게 전할 수 있을까? 평소에 상대에게 신경을 쓰고 있다는 것을 알아차린다면, 그가 내게 갖는 호감도를 높일 수 있다. 한 가지 방법은 상대의 관심사에 나도 흥미를 보이는 것이다. 건강과 가족을 중요하게 여기는 사람이라면 평소에 그와 관련한 안부를 자주 묻는 것으로 내 관심을 표현할 수 있다. 그가 자신의 성취나 능력, 외모 등에 자신감을 갖고 있다면, 그러한 가치를 높게 사는 태도를 보일 때 상대를 내 편으로 만들 수 있다. 하지만 그가 관심을 갖고 있는 분야가 내가 도통 모르는 것이라면 억지로 아는 체할 필요는 없다. 호기심을 보이고 그에게 가르침을 구하면 된다. 지식을 넓히고 상대의 호감도 얻는 일거양득의 효과를 거둘 수 있다.

우리가 누군가를 하찮게 여긴다면, 그 사람과 관련한 모든 것이 관심사에서 벗어난다. 반면, 누군가를 중요하게 여기면, 그의 감정과 처한 상황에 관심을 갖게 된다. 그 효과는 역으로도 나타난다. 즉, 내가 하찮게 여기는 사람은 그의 관심사에서 나 역시 벗어난다. 내가 중요하게 여기는 사람의 눈에는 나도 중요한 존재로 각인된다. 내가 하는 만큼 상대 역시 같은 마음으로 보답하는 것이다. 결국, 상대와 관계를 발전시키고자 한다면 그에게 그만큼 관심을 기울여야 한다.

오스트리아의 심리학자 알프레드 아들러Alfred Adler는 다음과 같이 말했다. "다른 사람에게 관심을 기울이지 못하는 사람은 평생 곤란한 일이 끊이지 않고 주변 사람들에게 많은 상처를 준다." 인간관계에서 발생하는 수많은 문제는 어떤 사람이 상대를 신경 쓰지 않거나 두 사람이 서로를 신경 쓰지 않기 때문에 일어난다. 수많은 원한과 적대감이 생기는 원인도 바로 이것이다. 모든 사람이 서로에게 조금만 더 관심을 기울이고 존중한다면, 지금보다 훨씬 더 따뜻하고 조화로운 세상이 될 것이다.

상대에 따라 화법에 다양한 변화를 주자

세상에는 별의별 사람들이 다 있다. 성격도 제각각, 표현하는 방식도 제각각이다. 그래도 비슷한 성향의 사람들은 있어서 살다 보면 결이 맞는 사람들끼리 어울리게 된다. 문제는 서로 다른 성격과 취향의 사람들도 계속 상대해야 한다는 사실이다.

> 2,000여 년 전, 공자는 제자들의 질문에 답할 때 그들의 성격을 살폈다. 한번은 공자의 제자인 중유仲由가 물었다.
> "옳은 일을 들으면 행해야 합니까?"
> 공자는 안 된다고 했다.
> 다른 제자인 염구冉求도 물었다.
> "옳은 일을 들으면 행해야 합니까?"
> 공자는 그렇다고 했다.
> 지켜보던 공서화公西華는 공자의 대답을 이해할 수 없었다.
> "두 사람은 같은 질문을 했는데, 스승님은 정반대로 답하셨습니다. 왜 그리 답하셨는지 부디 가르침을 주십시오."
> 공자는 이렇게 대답했다.
> "염구는 스스로 물러나는 성향이 있어서 나아가라 한 것이고 중유는 본래 잘 나서는 성격이라서 물러나라고 한 것이다."

말을 잘하는 사람은 공자처럼 상대를 고려해 화법에 다양한 변화를 주기 때문에 모든 일이 순조롭다. '산을 보고 어떤 노래를 부를지 정하고 사람을 보고 어떤 말을 할지 정해야 한다'라는 말도 있다. 이는 말을 하기 전에 반드시 상대가 어떤 유형인지 충분히 고려한 다음 입을 열어야 한다는 뜻이다.

다양한 사람을 만나면서 동일한 말하기 방식을 사용하면 안된다. 직업, 성격, 학식, 연령, 성별이 다른 사람과 대화하는 방법은 각각 다르다. 상대의 성격이나 배경을 제대로 파악하고 그에 맞는 언어를 구사해야 비로소 진정한 소통을 시작할 수 있다.

1. 성격이 다른 사람과의 대화

생각이 깊은 사람에게 항상 농담조의 말만 한다면 그는 상대가 자신을 대하는 태도가 진중하지 않다고 생각할 수 있다. 반면, 유머 감각이 있는 사람에게 심각한 주제만 꺼낸다면 따분해할 것이다. 그런가 하면, 외향적인 성격이 강한 사람에게는 시원시원한 말투가, 내향적인 성격이 강한 사람에게는 좀 더 완곡하고 섬세한 표현이 먹힌다. 성격에 따라 너무 솔직한 태도로 접근하면 당혹스럽게 여기는 사람도 있다. 이처럼 상대에게 설득력 있게 다가가려면 그의 성격이나 기질에 맞춰 말하는 태도에 변화를 줄 필요가 있다.

2. 나이 차이가 나는 사람과의 대화

나이에 따라 취미나 기호도 달라질 수 있다. 사회 초년생인 젊은 사람들은 비교적 활동적이고 열정이 넘치는 경우가 많다. 이들과 대화할 때는 요즘 유행하는 화제를 중심으로 이야기를 시작하는 편이 좋다. 적어도 케케묵은 이야기는 피해야 한다. 말투 또한 약간 가볍고 편안하게 하는 것이 좋다.

중년의 사람들과 대화할 때는 말투나 태도가 너무 경박해 보이지 않도록 주의해야 한다. 이야기의 주제도 너무 유행에 민감하지 않은 성숙한 화제를 고르는 것이 좋다. 좀 더 현실적이고 실생활에 이익이 되는 화제를 고르는 것이 도움이 될 수 있다. 실제로 사회적 지위가 어떻든 중년을 대할 때는 말투에서 상대를 존중하는 태도가 분명히 묻어나도록 해야 한다. 말투 또한 적당히 신중해야 한다.

더 연륜이 깊은 노년층을 대할 때는 그가 한창 왕성하게 활동했던 때를 묻는 것도 좋다. 노년의 상대가 과거 이야기를 할 때는 함께 공감하는 모습을 잘 보여야 한다. 그러면 그와 자연스럽게 관계를 발전시킬 수 있다.

3. 교양 수준이 다른 사람과의 대화

사람들은 저마다 살아오면서 쌓아온 견문의 폭이 다르다. 그에 따른 이해 능력이나 취향 역시 다를 수 있다. 생활환경에서 비롯된 이러한 교양의 차이는 곧 말하는 습관의 다양성으로 이어진다. 그러므로 성격을 파악하듯 대화를 깊이 발전시키기에 앞서 상대의 교양 수준을 이해하는 것이 중요하다.

마약 나보다 교양 수준이 높은 사람과 대화를 한다면, 아는 척하려고 애쓰지 말고 경청하는 자세와 솔직한 태도로 상대에게 익숙한 화제에 관해 이야기를 나누는 것이 좋다. 그러면 상대는 기꺼이 지식과 경험을 나누는 재미로 나와 대화하기를 즐길 것이다.

한편, 나보다 학력이 낮은 사람과 대화할 때는 상대가 잘 모르는 주제를 꺼내어 잘난 척하는 느낌을 주지 않도록 주의해야 한다. 반대로 학식 있는 사람 앞에서 저속한 농담을 남발하면 그 사람은 상대가 자신과 맞지 않은 사람이라고 단정해버릴 수 있다.

4. 직업이 다른 사람과의 대화

직업에 따라 사람들은 어휘나 말투가 달라질 수 있다. 영업직에 종사하는 사람들은 목소리가 우렁차고 말이 조금 많은 편이다. 반면, 연구직에 종사하는 사람들은 얌전한 성격에 말수가 적은 편이다. 업무상 일하는 분야가 나와 완전히 다른 사람과 대화해야 할 경우, 일과 관련한 이야기보다는 상대와 공통점을 찾을 수 있는 기호나 취미에서부터 화제를 찾아보는 것이 좋다.

노동의 종류에 따라서도 말투는 달라질 수 있다. 육체노동을 주로 하는 사람들과 소통할 때는 좀 더 직설적이고 직접적인 방식으로 대화하는 것이 좋다. 말끝마다 전문 용어를 사용하거나 지식을 자랑하는 듯이 말한다면, 이 사람들은 불쾌하게 여길 수 있다.

작가나 교육자처럼 정신적인 노동을 주로 하는 사람들은 현학적인 문장을 사용할 때가 많고 농담할 때도 거친 우스개보다 언어유희를 즐긴다. 자영업자들과 대화할 때는 경제와 관련한 화제를 주로 다루는 것이 좋은데, 영업상 기밀에 민감할 수 있어서 그들의 사업과 관련한 질문을 많이 하는 것은 좋지 않다. 혹시 상대가 다른 목적이 있어서 자기에게 접근한 것은 아닌지 의심할 수도 있다.

물론, 질문을 많이 한다는 것은 그만큼 상대에게 관심을 표현하는 것이므로 긍정적인 면도 있다. 다만, 그 사람의 성격이나 배경을 고려해 어떤 질문을 던지는 것이 대화를 발전시키는 데 좋을지 분석해야 한다. 이처럼 사람들의 성향이 제각각인 만큼 대하는 말 또한 같아서는 안 된다.

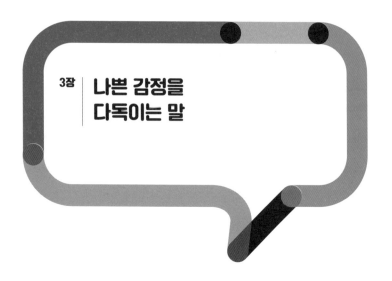

3장 나쁜 감정을
다독이는 말

가까운 사람일수록 더 많이 상처 받는다

낯선 사람에게서 어쩌다 기분 상하는 말을 듣는다면 어떻게 반응할까? 어지간하면 어차피 다시 볼 일 없는 사람이니 웃고 넘어갈 때가 더 많을 것이다. 그런데 나와 가까운 사람이 그런 말을 하면 말싸움으로 번지는 경우가 더러 있다.

더욱이 밖에서 자기 성격을 억제해가며 예의를 차리고는 집에 돌아와서 가족을 감정의 배수구로 삼기도 한다. 왜 이렇게 가장 가까운 사람들에게 더 못되게 구는 것일까? 그 이유는 다음과 같이 네 가지로 정리해볼 수 있다.

첫째, 우리는 가까운 사람에게 더 많은 기대를 한다. 어차피 남은 나를 이해하지 못한다고 가정하므로 기대하지도 않는다. 그래서 다른 사람과 소통할 때는 그로부터 약간의 이해와 협력만 구해도 충분하다고 생각한다. 반면, 나를 이해할 것이라 믿고 그만큼 기대하는 가까운 사람에게는 조급하게 구는 경우가 많다. 나와 가까운 사람이라고 해서 항상 나를 지지하거나 원하는 대로 해줄 수는 없다. 이 점은 입장을 바꿔 생각해보면 명확하다. "네가 어떻게 나한테 이럴 수 있어?" "나를 왜 이해하지 못하는 거야?" 가깝다는 이유만으로 친구가 나를 항상 이렇게 다그친다면 어떻겠는가?

둘째, 우리는 남보다 가까운 사람에게 더 많은 스트레스를 느낀다. 예를 들어, 가까운 친구가 나에게 무엇인가 부탁한다면, 별로 친하지 않은 사람이 부탁하는 것보다 압박감이 더 커진다. 가까운 사람에게는 그만큼 신경을 더 쓰고 어려운 처지에 놓이지 않기를 바라기 때문이다. 이러한 상대적인 차이는 일에도 비유해볼 수 있다. 내가 열정을 갖는 일일수록 실패의 부담은 더욱 커진다. 내가 좋아하는 일인 만큼 성공하고 싶다는 열망이 더 강하기 때문이다. 하지만 그러한 열정이 없는 일이라면 실패한다고 해도 그렇게 크게 상심하지는 않을 것이다.

사람들 사이의 관계나 일에서 스트레스는 작은 계기로 점점 쌓이면서 눈덩이처럼 불어난다. 그러다 한계치에 다다르면 단번에

폭발해버리고 만다. 이런 모습이 상대에게는 느닷없이 불같이 화를 내는 것으로 비칠 수 있다. 이 경우, 상대는 내가 공연히 마음 좁게 지난 일을 들춰 화를 낸다고 여길 것이다. 이러한 오해가 거듭되면 정작 가까운 사람들과 소통할 기회를 잃게 되고 신경노 더욱 날카로워지게 된다.

셋째, 우리는 가까운 사람, 특히 가족에게 더 함부로 굴 때가 많다. 밖에서는 부당한 대우에 제대로 대응도 하지 못하다가 집에 와서 가족에게 스트레스는 푸는 것이 그러한 예다. 내가 어떻게 하든 가족은 나를 너그럽게 받아줄 것이라고 기대하기 때문이다. 누구나 이러한 심리를 갖고 있다. 그래서 남 앞에서는 괜찮은 척하지만 가족이나 연인 앞에서는 사소한 일에도 투정을 부리는 일이 잦다. 문제는 이러한 감정의 발산이 부적절한 말로 이뤄질 때다. 즉, 감정이 격해있을 때는 애꿎은 가족을 대상으로 조롱, 왜곡, 과장, 폄하 등 부정적인 언어를 퍼부으며 스트레스를 해소하려 든다. 당연히 이런 말을 들은 가족은 상처를 입고 가족 사이에도 충돌이 심해진다.

넷째, 가까운 사람일수록 내 주관적인 생각이나 바람을 강요할 때가 있다. 수줍음이 많아 속마음을 잘 표현하지 못하는 연인에게 항상 사랑한다는 말을 해달라고 조르고 자기가 원하는 만큼 해주지 않으면 서운하게 여기거나 심지어 멋대로 그 사람의 진심을 의심하는 것이 그 예다. 이런 악순환이 반복되면 연인 사이에는 다툼이 잦아지고 서로에게 상처를 입히게 된다. 상대의 성격이나 배경에 따라 말투나 접근법을 달리해야 한다는 것은 연인 관계에서도 적용된다. 내 연인이 사랑을 직접적인 말로 표현하기를 불편해하는 성격인데 무조건 내 화법만을 강요한다면, 나는 그 사람을 진정으로 사랑한다고 말할 수 있는 것일까? 만약 상대를 진심으로 사랑한다면, 그의 표현 방식을 존중할 수 있어야 한다.

Talk point 3

쉽게 화내는 성격은 어떻게 고칠 수 있을까?

1. 마음을 가라앉힌다

어느 심리학자는 마음을 가라앉히는 순서로 먼저 목소리를 낮추고 속도를 줄이며, 마지막으로 가슴을 똑바로 펼 것을 주문했다. 목소리를 낮추는 이유는 목소리가 감정의 촉매 작용을 하기 때문이다. 목소리를 높이면 충동적인 표현을 통제하기 어려워진다. 말하는 속도를 줄이는 이유 역시 마찬가지다. 말이 빨라진다는 것은 그 사람의 감정이 흐트러지고 있다는 것을 의미한다. 당연히 목소리도 높아지고 감정도 격해진다. 가슴을 곧게펴는 이유는 충동적이고 긴장된 분위기를 완화할 수 있기 때문이다. 흥분해 격렬한 말투를 쏟아낼 때는 자세가 상대를 향해 기울게 된다. 상대는 이러한 태도를 공격적으로 느끼게 되어 두 사람 사이의 긴장이 더욱 고조될 수 있다.

2. 입을 닫고 경청한다

분노의 감정은 짧은 시간에 발생하는 특징이 있다. 다른 사람의 생각에 맞장구칠 수 없을 때, 일시적으로 상대를 설득하기 힘들다고 느낄 때는 입을 닫고 경청하는 것을 선택해야 한다. 그러면 상대는 이야기를 듣는 사람이 자신의 관점에 흥미를 보인다고 느끼게 된다. 이는 상대의 마음속 분노를 가라앉히는 데 매우 유용하다.

3. 주의를 다른 곳으로 돌린다

감정이 격화된 자리를 당장 피하기 어렵다면, 주의를 다른 곳으로 돌려 상대가 쏟아내는 격렬한 말을 흘려듣는 것도 좋은 방법이다. 분노의 감정은 뇌의 편도체에서 발생하는데, 이것을 대뇌피질이 인지하고 억제하기까지는 약간의 시간이 걸린다. 이 시간차를 견디지 못하면 분노는 더욱 확대되어 상대와 격렬한 충돌을 일으키게 된다. 이때 주의를 전환하면 이성적으로 화를 가라앉히는 데 도움이 된다.

4. 입장을 바꿔 생각해본다

사람들은 모두 자신이 옳다고 생각하고 상대가 자신의 의견을 받아들이기를 바란다. 하지만 조직은 물론 일상생활에서 각자 다른 역할을 맡은 사람들이 다양한 의견을 갖는 것은 당연한 일이다. 이때 서로 자신의 의견만 옳고 이성적인 판단이라고 고집한다면 충돌은 피할 수 없다. 이 경우에는 상대의 입장에서 동기와 목적을 생각해본다면, 서로 다른 의견을 말하는 배경을 이해할 수 있다. 또한, 내 의견을 정확하게 전달하려면 어떻게 해야 할지도 파악할 수 있다. 이러한 노력이 오갈 때 날이 선 말로 서로 대립하는 상황을 피할 수 있다.

5. 이성적 사고력을 키운다

다른 사람과 충돌이 발생하는 상황이 되면, 그 결과가 어떻게 될 것인지 따져보고 그에 따른 자신의 책임에 대해 생각해보자. 이성적 사고력을 키우면 다른 사람에 대한 이해도 높아질 뿐 아니라, 자신의 감정을 조절해 긴장된 분위기를 완화할 수 있다. '잠깐의 화를 참으면 백일의 근심을 면할 수 있다'라는 말이 있다. 한 발짝 물러설 줄 아는 합리적인 양보는 상대의 인정을 얻는 것은 물론, 나에게도 큰 이익이 될 수 있다.

당신은 성질 더러운 사람이 절대 아니다

감정은 단순하지 않다. 우리 인생의 전반에 영향을 미치고 인간 관계를 좌우할 수 있는 것이 바로 감정이다. 다행히 우리는 감정을 조절할 수 있다. 진정으로 행복한 삶을 바란다면 좋은 감정을 유지할 줄 알아야 한다. 다만, 감정에 영향을 미치는 외부적인 요인은 우리가 조절할 수 있는 것이 아니지만, 이것 역시 올바른 신념과 방식을 고수한다면 더 나쁜 상황은 피할 수 있다.

감정은 양날의 검과 같다. 내가 잘 조절한다면 감정은 나에게 더할 나위 없는 인생의 조력자가 되지만, 제멋대로 변덕을 부리게 내버려 둔다면 인생 전체를 송두리째 흔드는 골칫덩어리가 될 수 있다. 그래서 더더욱 스스로 감정을 조절해 내 의지와 상관없이 발생하는 외부적인 상황에 제대로 대처할 수 있어야 한다.

우리가 어떤 종류든 감정을 느끼지 않는 때는 거의 없다. 숨 쉬고 살아가는 동안 감정은 항상 우리와 함께한다. 감정을 이해하고 조절하는 법을 익혀야 하는 또 다른 이유다.

> 성격이 못된 소년이 있었다. 소년의 아버지는 못 한 봉지를 주면서 화를 낸 다음에는 뒤뜰의 울타리에 못을 한 개씩 박으라고 했다. 아버지의 말대로 했더니, 소년이 하루에 박은 못

은 한 무더기나 됐다. 그 모습을 보고 자신이 화를 너무 많이 내난다는 것을 깨달은 소년은 아버지에게 지금부터는 자기가 화를 참을 때마다 울타리의 못을 하나씩 뽑겠다고 했다. 처음에는 쉽지 않았지만, 결국 소년은 울타리에 박힌 못을 모두 뽑아낼 수 있었다. 그는 자기도 모르는 사이에 감정을 억제하는 법을 배웠다는 사실을 깨달았다. 소년이 아버지에게 이 사실을 자랑하자 아버지는 이렇게 말했다.

"아들아, 보렴. 네가 울타리의 못은 다 뽑았지만, 못이 박혔던 구멍은 영원히 남게 된단다. 너의 화풀이 대상이 된 사람들의 마음에 난 상처도 그렇지. 그 사람들에게 사과하더라도 이미 마음에 나버린 구멍은 사라지지 않는단다."

울타리의 못 자국은 내가 감정을 조절하지 못할 때 주변 사람들이 입을 수 있는 심각한 후유증을 암시한다. 다른 사람에게 한번 입힌 상처는 되돌릴 수 없다. 그리고 그 화는 결국 나에게 돌아온다. 또 다른 일화를 들어보자.

미국의 한 석유 회사는 고위 관리자가 내린 잘못된 결정으로 순식간에 200만 달러가 넘는 손해를 보게 됐다. 당시 이 회사의 경영자는 유명한 존 D. 록펠러John D. Rockefeller였다. 이 소식이 전해진 후로 직원들은 록펠러를 피해 다녔다. 괜히 자신들이 화풀이 대상이 될까 봐 두려웠기 때문이었다. 어느 날, 이 회사의 공동 출자자인 에드워드 T. 베드포드Edward T. Bedford가 록펠러의 사무실을 찾았다. 마침 록펠러는 책상에 앉아 뭔가 열심히 쓰고 있었다. 록펠러는 베드포드에게 최근에 회사에 큰 손해를 입힌 고위 관리자를 언급하며, 그에 대한 내용을 적는 중이라고 설명했다.

"그 사람을 불러 이 문제를 논의하기 전에 정리해볼 것이 있었어요."

록펠러가 이 관리자의 성과를 정리하며 발견한 것은 그가 과거에 세 번이나 정확한 결정을 내려서 회사에 보탬이 됐고 그로써 회사가 얻은 이윤이 이번에 입은 손실보다 훨씬 더 많았다는 사실이다. 이 모습에 크게 감명을 받은 베드포드는 훗날 이렇게 말했다.

"그 후에 저도 누군가에게 화가 나면, 자리에 앉아 록펠러처럼 그 사람의 장점을 찾아 적었습니다. 그 과정에서 화가 점차 사그라들지요. 이렇게 들인 습관이 제가 순간적인 화를 참지 못해 입을 수 있는 손해를 얼마나 많이 막아줬는지 모릅니다."

화가 나면 우선 침착함을 되찾아야 한다. 그리고 다시 한 번 찬찬히 생각해봐야 한다. 충동적인 감정이 생긴 원인이 무엇인지, 감정을 조절하기 힘들게 만드는 요인이 무엇인지 따져보는 사이에 순간적인 화를 어느 정도 누를 수 있다. 화를 다스릴 줄 아는 성격은 덕행으로 개선할 수 있다. 이러한 덕행은 한순간에 꾸며낼 수 있는 것이 아니라 조금씩 수양해 나가야 쌓을 수 있다.

러시아의 문학가 이반 투르게네프Ivan Turgenev는 화를 잘 내는 사람들에게 이렇게 조언했다. "말하기 전에 혀를 입안에서 몇 번 굴리는 것이 좋다." 별일 아닌 것 같지만, 그 짧은 시간도 감정을 누그러뜨리고 머리를 식히는 데 도움이 된다. 화가 나려고 할 때는 이렇게 되뇌어보자. "진정하자. 침착하자. 깊이 생각해보자." 이와 같은 방법들은 순간적인 감정을 조절하고 이성적인 사고력을 키우는 데 아주 중요하다.

화를 잘 내는 사람들의 특징은 공격적인 말투다. 당연히 이러한 말투는 상대에게 좋지 않은 인상을 남긴다. 더군다나 사람들은 대부분 이런 부분을 지적해주기보다 두려운 마음에서라도 회피한다. 그사이에 이러한 공격성은 습관처럼 굳어져 나쁜 성격으로 발전할 수 있다. 평소에 화가 잘 난다면 눈에 잘 띄는 곳에 '화를 가라앉히자'와 같은 문구를 붙여 자주 확인하는 것도 방법이다.

또 다른 방법으로는 화를 낸 원인과 경과 등을 기록해 스스로 사고를 분석하고 정리해보는 것도 있다. 이렇게 적다 보면 분명히 별로 의미도 없는 일에 화를 냈다는 사실을 발견할 수 있다. 이러한 깨달음을 되풀이하면서 화를 내는 횟수는 점차 줄어들게 된다.

또한, 감정이 요동치기 시작하면 의식적으로 환경을 바꾸거나 화제의 중심을 다른 곳으로 돌려 주의력을 분산시키는 것도 도움이 된다. 이 과정에서 긴장된 감정이 어느 정도 이완된다. 예를 들어, 그 자리를 얼른 떠나 다른 일을 하거나 믿을 만한 사람과 터놓고 이야기를 해보거나 주변을 산책하는 방법 등이 있다. 나쁜 성격은 스스로 조절할 수 있다는 믿음이 중요하다. 일시적인 충동으로 다른 사람에게 상처를 줘서는 안 된다는 것도 늘 상기해야 한다.

○
왜 엉뚱한 사람에게 화풀이를 할까?

엉뚱한 사람에게 화풀이하지 말아야 한다는 것은 아주 당연한 말처럼 들리지만, 막상 실천하기에는 간단한 문제가 아니다. 당장 우리 주변만 둘러봐도 이런 사례는 늘 일어난다.

학교에서 친구와 다툰 아이가 집으로 돌아오자마자 책가방을 던지고 걱정하는 엄마에게 괜히 심통을 부리는 장면은 쉽게 상상할 수 있다. 바깥일을 하다 부당한 일을 당하고서 집으로 돌아와 배우자에게 애꿎은 트집을 잡아 결국 다투게 된다는 이야기도 종종 듣는다.

이런 실수를 두 번 다시 저지르지 않을 수 있다면 지금 이런 이야기를 할 필요도 없다. 문제는 그렇게 하기가 몹시 어렵다는 것이다. 사람은 좌절하는 만큼 현명해진다고 하지만 같은 돌에도 여러 번 걸려 넘어지는 것이 우리의 보통 모습이다.

이처럼 내 기분이 좋지 않으면 그 여파가 주변 사람을 대하는 태도에 영향을 미치게 된다. 두려움, 화, 울분, 의심, 또는 냉담함 등 부정적인 감정을 발산하는 이러한 태도는 당연히 다른 사람에게 상처를 남긴다. 그것도 그러한 감정의 원인을 제공하지 않은 엉뚱한 사람들에게 말이다.

부정적인 감정이라도 다른 사람에게 감정을 표현하는 것은 심리적으로 건강해지는 측면도 있다. 그러나 그러한 효과 자체가 이기적인 사고를 키울 수도 있다. 우리 주변의 사람들은 항상 사랑과 관심으로 대해야 할 가족이자 친구다. 그들을 화풀이 대상으로 삼는 것은 매우 불공평한 일이다. 내가 아껴야 할 사람들이 상처를 입는다면 그 상처는 곧 내 것이 된다.

> 린은 서류를 건넬 것이 있어서 사장실에 들렀다. 사장은 그날 따라 일이 잘 풀리지 않아 화가 잔뜩 나 있는 상태였다. 그는 대충 서류를 훑어보더니, 자료 수집이 제대로 되지 않았다며 린에게 역정을 냈다. 나름 밤을 새워가며 열심히 자료 조사를 했던 린은 억울했다. 속상한 마음에 사장실을 나서는데, 마침 남자친구에게서 전화가 왔다. 린은 공연히 남자친구에게 화

를 냈다.

"그렇게도 할 일이 없어? 나 지금 일하는 중인 거 몰라? 내가 언제까지 자기를 먹여 살려야 해?"

영업사원인 남자친구는 이틀 전에 좀도둑을 쫓던 중 발목을 삐질려서 잠시 일을 쉬고 있었다. 여자친구가 아침에 부탁한 대로 장을 보다 물어볼 것이 있어서 전화했던 것이다. 남자친구는 불쾌함을 넘어 자존심까지 상하고 말았다. 화가 잔뜩 난 남자친구는 장보기를 그만두고 혼자 밥이나 먹으러 식당으로 향했다. 걷다 보니 어느새 린의 회사 근처였다. 그러다 자기를 지나쳐 가던 개가 성가셔서 괜히 발로 뻥 차버렸다. 때마침 회사에서 나오던 사장 앞으로 개가 내동댕이쳐졌다. 뿔이 난 개는 사장 다리를 꽉 물어버렸다.

위의 이야기처럼 공연한 화풀이의 여파는 결국 돌고 돌아 언젠가는 자신에게 돌아온다. 화풀이의 대상이 돌고 도는 방향은 어느 정도 정해져 있다. 바로 나보다 지위가 낮거나 세력이 약하거나 또는 나이가 어린 사람 등 약자의 위치에 있는 사람에게 공연한 분노의 화살이 향하기 쉽다.

회사에서 상사에게 면박을 당한 남자가 집에 가서 아내와 자녀에게 화를 내는 것도 그러한 예다. 그 정도가 심하다면 이런 화풀이 역시 폭력을 행사한 것이나 마찬가지다.

더군다나 이 돌고 도는 화풀이의 사슬은 끝이 없다. 심지어 아이들의 세계에서도 마찬가지다. 어린 나이에 친구들 사이에서, 혹은 어떤 응석이든 받아줄 것이라 믿는 부모에게 엉뚱한 화풀이를 하는 습관이 들지 않도록 해야 한다. 그렇지 않으면 나중에 성인이 돼서도 다른 사람을 화풀이 대상으로 삼기 쉽다. 그 강도는 걷잡을 수 없이 커질 수 있다. 이러한 악순환은 결국 모든 개인의 불행, 더 나아가 시대의 불행으로 이어지게 된다.

사람들은 대부분 이치에 맞는 논쟁을 하고 은혜와 원한을 구분하며, 존엄과 인격을 유지할 수 있는 기본을 갖추고 있다. 우리가 본래 간직하고 있는 바탕을 잊지 않는다면, 화풀이의 악순환으로부터 얼마든지 벗어날 수 있다.

결과적으로 우리는 서로의 관계를 개선할 수 있고 평화로운 심리상태를 유지할 수 있다. 억울한 일을 당하거나 일을 그르쳤다면, 우선 내면에서 불균형을 해결하는 방법을 찾아보자. 다른 사람에게 화풀이를 해봤자 더 나쁜 결과만 불러올 뿐이다.

까칠함이 복을 날린다

앞에서 살펴본 몇 가지 사례처럼 일이 자기 뜻대로 되지 않으면 화가 쉽게 나고 이를 누군가에게 발산하고자 하는 충동이 일어나기도 한다. 사람은 화가 나면 시야가 아주 좁아지고 문제를 심각하게 주관적으로 생각하며, 자기 통제 능력 또한 떨어진다. 그 결과 평소에는 무심하게 지나칠 수 있는 사소한 일에도 발끈하게 된다.

이러한 상황에서 발생하는 인간관계의 충돌은 본래 문제를 해결하는 데 아무런 도움이 되지도 않을뿐더러 또 다른 문제를 낳는다. 예를 들어, 다른 언짢은 일로 기분이 좋지 않아 직장 동료에게 자기도 모르게 유난히 까칠하게 굴었다면, 그 직장 동료도 기분이 상하게 되고 결국 그날 하루 업무는 엉망진창이 될 수 있다.

화는 복도 달아나게 한다. 무슨 이유든 동료 간에 충돌이 일어날 것 같으면, 급하게 행동하지 말고 한발 물러서 보자. 양보는 앞으로 나아가기를 포기한다거나 나약함을 보이는 것이 아니다. 한발 물러섰을 때, 우리는 더 넓은 시야에서 벌어지고 있는 상황을 냉철하게 바라볼 수 있다. 즉, 양보는 일종의 지혜, 도량, 관용, 고상함, 수양을 의미한다.

대학을 갓 졸업하고 어느 회사의 제품 마케팅 부서의 문을 두드린 지원자가 있었다. 회사는 그에게 3개월 동안 수습사원으로 일해볼 것을 제안했다. 수습 기간이 끝나면 당연히 정식 직원으로 채용될 것이라 기대한 그는 이 제안을 받아들였다.

하지만 3개월이 다 됐는데도 회사에서는 아무런 통보도 하지 않았다. 자신이 부당한 대우를 받고 있다고 믿은 그는 부사장을 찾아가 불만을 쏟아내며 그만두겠다고 했다. 부사장이 만류했지만, 그는 결국 사표를 내고 나왔다. 그런데 얼마 뒤에 회사에서 그를 마케팅 부서의 부주임 자격으로 정식 채용할 계획이었다는 사실을 알게 됐다. 그런데 부사장의 설명을 듣기도 전에 화부터 내고 나가는 모습을 보고 회사에서는 그를 채용하려는 결정을 철회하기로 했다는 말을 들었다.

충동적인 감정은 대뇌의 원활한 기능을 방해한다. 위 사례의 수습사원 역시 자기 감정에 못 이겨 이성적인 판단을 하지 못한 셈이다. 화를 참지 못하면 이처럼 어리석은 결정을 내리기 쉽다. 절대 일시적인 충동으로 만회하기 어려운 실수를 범해서는 안 된다. 이런 일이 자꾸 반복된다면 평판도 나빠질 뿐 아니라, 무엇보다 늘 함께해야 하는 주변 사람들과 관계도 소원해질 수 있다.

자주 불거지는 화는 일종의 불량한 감정이다. 화는 정신은 물론 몸의 건강에도 좋지 않다. 한 연구 결과에 따르면, 화는 고혈압, 궤양, 불면증 등을 일으키며, 쉽게 화를 내는 사람은 암과 신경쇠약에 걸릴 가능성이 더 커진다고 한다.

화는 우리의 몸에서 일종의 심리적인 바이러스의 역할을 한다. 화를 잘 내는 사람의 나쁜 감정이 주변 사람들에게 전염될 수 있다. 이 부정적인 바이러스는 먹구름과도 같아서 다른 사람에게 내리쬐는 햇살까지 차단해버린다. 분노라는 감정은 사고의 결과물이며 대뇌의 지배를 받는다. 우리는 대뇌의 주인으로서 응당한 권력을 행사해야 한다.

즉, 대뇌를 조절해 좋은 생각은 받아들이고 나쁜 생각은 쫓아낼 수 있어야 한다. 주변에서 일어나는 모든 일을 너무 세세하게 고민하지 말자. 당장 내가 해결할 수 없는 일이라면 매달리지 않는 것이 좋다. 생각날수록 화가 나는 일이 있다면 잊어버리도록 노력하고 유쾌한 마음을 간직하자.

○
잔소리는 관계를 망친다

데일 카네기Dale Carnegie는 '잔소리는 결혼의 무덤'이라고 했다. 부부 사이의 잔소리는 애정과 관심이 바탕이 된 것이겠지만, 이것도 너무 과하면 관계를 해치게 된다. 상대가 뭔가 개선하거나 고치기를 바라며 하는 잔소리라면, 그 효과는 낙제점이다. 역효과를 내어 부부 관계를 아예 망칠 수도 있다.

배우자의 잔소리는 얼핏 사소한 문제인 것 같지만, 잔소리에 대한 상대 배우자의 피로감이 거듭되면 사랑의 불씨가 꺼질 수 있다. 마치 독사에게 물려 치명상을 입은 것처럼 상처 입은 두 사람 사이의 사랑은 되살리기 힘들다. 이제 잔소리를 멀리할 방법을 찾아보자.

1. 같은 말을 반복하지 말자

배우자에게 함께 산책을 가자고 세 번 이상 말했는데 움직일 기미를 보이지 않는다. 그럼 어떻게 해야 할까? 산책은 좋은 운동이니 계속 가자고 채근해야 할까? 아무리 산책이 좋다고 해도 본인이 지금 내키지 않는 것을 억지로 시킬 수는 없다. 세 번 이상 말해도 꿈쩍하지 않는다면 배우자는 지금 할 마음이 없는 것이다. 그렇다면 더는 말하지 않는 편이 낫다. 잔소리하면 할수록 하기 싫다는 마음만 더 커질 뿐이다.

2. 기분이 좋지 않을 때는 냉정을 되찾자

기분이 좋지 않을 때는 잔소리가 더 늘어날 수 있다. 반대로 듣는 것은 더 싫어진다. 이럴 때일수록 마음에 들지 않는 면이 있더라도 기분이 나아질 때까지 잔소리는 접어두자. 그렇지 않아도 듣기 싫은 잔소리를 기분도 좋지 않을 때 한다면 부부 싸움만 더 일어날 뿐이다. 좋지 않은 기분을 잔소리로 해소하지 말고 다른 방법으로 풀어야 한다. 혹시 따질 것이 있더라도 서로 냉정을 되찾은 후에 하자. 이때도 과격한 말은 절대 삼가야 한다.

3. 부드럽게 접근하자

간혹 배우자가 내 생일이나 결혼기념일을 잊어서 서운할 때가 있다. 배우자가 기념일을 놓쳤거나 내 생일을 잊었거나 혹은 기억하긴 했는데 선물이 마음에 들지 않는다고 해서 곧이곧대로 따지는 것은 현명한 방법이 아니다. 기분 나쁜 잔소리가 아니더라도 얼마든지 내 생각을 전달할 수 있다. 받고 싶은 선물이 있다면, 나중에 서운해하지 말고 미리 필요한 것을 말해줘도 좋다.

4. 유머 감각을 키우자

부부 사이는 물론, 모든 인간관계에서 벌어지는 일 가운데 실제로 화를 내서 풀릴만한 일은 많지 않다. 언성을 높이지 않고도 대부분 목적을 이룰 수 있다. 그런 의미에서 가장 효과적인 방법은 바로 유머를 가미하는 것이다. 배우자가 굼떠 보이더라도 잔소리로 다그치기보다 웃음으로 넘겨보자. 아주 위급한 상황만 아니라면 서로 마음 상해가며 잔소리로 재촉해서 좋을 일은 없다. 더군다나 재촉한다고 더 빨라지는 것도 아니다.

누군가가 꼴 보기 싫다면
그 사람도 마찬가지다

현대 사회에서 감정은 사람들의 삶에 갈수록 중요한 작용을 하고 있다. 급속한 경제 발전 속에 감정의 조절 능력은 삶의 성패에도 영향을 미칠 수 있기 때문이다. 평온한 마음을 유지하면 삶은 우리에게 미소로 화답하지만 분노를 조절하지 못하면 삶은 더 많은 고통과 실패를 가져다줄 것이다.

다행히 지구상에서 가장 뛰어난 생명체인 인간은 이성으로 감정을 조절할 수 있다. 어떤 일에 실패해 크게 상심하고 있다면, 감정에만 매몰되기 전에 놓친 것이 무엇인지 한 번 더 되돌아보자. 화를 주체하기 어렵다면, 내 기분을 상하게 한 사람이나 사건이 무엇인지 정확히 되짚어보자. '누가 내 기분을 상하게 했는가? 나는 그 사람에게 무슨 말을 했는가? 내가 원래 말하려던 것은 무엇인가? 왜 나는 그것을 말하지 못했는가?'

부정적인 감정은 다른 사람과 소통하기 전에 해소해야 한다. 그렇지 않으면 내 말과 태도에 영향을 미쳐 소통하는 과정에서 상대에게 상처를 줄 수 있다. 실제로 우리가 평소에 겪는 많은 일 가운데 거창한 일은 별로 없다. 따지고 보면 우리를 화나게 하는 것은 대부분 소소하다. 시시콜콜 따지다 감정을 상하고 인간관계를 해칠 정도로 가치가 있는 일은 아니다. 과도하게 감정적인 사람은 신경질적이라고 생각되기 쉽다. 그리고 이러한 사람은 무리와 어울리지 못한다는 느낌을 주고 사람들과 좋은 인연은 갈수록 멀어진다. 평소와 같은 언행을 유지하고 상황에 적합한 말을 구사하는 사람은 사회적으로 인정받을 수 있다.

화를 매우 잘 내는 여자가 있었다. 그녀의 화에 주변 사람들이 상처를 많이 입었지만, 누구보다 가장 깊은 상처를 입은 사람은 바로 그녀 자신이었다. 자신의 성격 탓에 시간이 흐르면서 많은 친구를 잃었기 때문이다. 어느 날 상처투성이인 자신의 모습을 돌아본 그녀는 혜안을 얻고자 한 승려를 찾아갔다. 승려는 그녀가 찾아온 연유를 듣더니, 한마디 말도 없이 그녀를 빈방으로 데려갔다. 그리고 그 방에 그녀를 두고 어디론가 가버렸다. 느닷없는 상황에 그녀는 불같이 화를 내고 보이지도 않는 누군가를 향해 당장 문을 열라며 험한 말을 퍼부었다. 한참 동안 그렇게 화를 내던 그녀는 결국 기진맥진했다. 화를 낼 기력도 없게 되자 그녀는 드디어 이것저것 생각하게 됐다.

'나는 왜 여기에 있을까? 무엇이 나를 여기로 이끌었을까?'

그녀는 냉정을 되찾고 자신의 감정을 조절할 수 있는 첫걸음을 내디뎠다.

내 감정을 다스릴 수 있는 사람은 결국 나밖에 없다. 감정은 내 것이다. 좋은 감정도 나쁜 감정도 내가 선택한 것이다. 또한, 내가 싫은 것은 다른 사람 또한 싫다는 단순한 진리도 기억해야 한다. 이 점을 잊지 않는다면 내 화가 미치는 상대의 감정도 더 깊이 헤아릴 수 있다. 결국, 내가 상대를 어떻게 대하느냐는 그 사람이 나를 대하는 태도에도 영향을 미친다. 아무리 의도가 좋은 것이더라도 신랄하고 공격적으로 들리는 감정적인 말로 상대를 제압하려 한다면, 그 사람과의 관계만 멀어질 뿐이다.

일상에서 자신을 가장 괴롭히는 요소를 물은 조사에서 여성들은 감정, 가정, 일, 건강, 인간관계, 금전 문제의 순으로 답했다. 67퍼센트의 여성들은 감정 문제로 곤란을 겪고 있었다. 이러한 감정의 영향을 가장 크게 받는 것은 연인과의 관계(89퍼센트)로 나타났다. 친구나 동료와의 관계는 상대적으로 낮았다. 여성들은 이로 인한 괴로움을 '귀찮다, 고통스럽다, 피곤하다, 화가 난다, 받아들이기 힘들다, 울고 싶다, 죽고 싶다, 막막하다' 등의 말로 표현했다. 이 조사 결과 또한 감정이 얼마나 한 사람의 생활에 막대한 영향을 끼치는지 잘 보여주고 있다.

하지만 감정은 우리의 이성을 지배하기도 한다. 그래서 감정 조절이 안 될 때는 별일 아닌 데도 크게 화를 내게 된다. 이런 경우에 발산되는 화는 본심이 아닐 수 있다. 더군다나 엉뚱한 사람에게 화풀이하는 경우에는 더욱 그럴 것이다. 그 순간의 화를 참지 못하면 당장 기분을 망치는 데 그치지 않고 그동안 좋았던 관계가 어그러지거나 좋은 직장을 잃게 되기도 한다. 그리고 시간이 흐른 뒤에 후회한다. "지금 알고 있는 것을 그때도 알았더라면 얼마나 좋았을까?" 적설한 수준으로 감정을 조절하고 관리할 줄 안다면 적어도 경솔한 감정의 분출로 몹시 나쁜 상황을 초래하는 것은 막을 수 있다.

Talk point 4

누군가 꼴 보기 싫다면
어떻게 행동해야 할까?

1. '완벽한 사람은 없다'는 사실을 인식하자

성적이 뛰어나고 언변도 화려한 사람들은 주위의 부러움을 산다. 하지만 그들이 모든 것을 잘하는 것은 아니다. 이들 역시 약점을 지니고 있다. 당연한 말이다. 그런데 어떤 사람들은 어쩌다 한 번 성적이 떨어지거나 언쟁에서 밀리는 것도 용납하지 못하고 마음의 균형을 잃어버리고 만다. 작은 실수도 큰 실패로 여기는 태도는 걱정, 두려움, 불안 등 부정적인 감정으로 이어진다. 이러한 감정은 업무의 발전에 아무런 이익이 되지 않는다. 현대 사회의 경쟁은 갈수록 치열해지고 있지만, 그럴수록 자신의 단점이나 실수를 너그럽게 인정할 줄 알아야 한다. 이 세상에 누구도 완벽할 수 없다는 사실을 분명히 인식해야 한다. 실패에 너무 민감하게 반응하며 곧바로 감정을 표현하거나 행동을 취하기보다 때로는 자신에게 충전과 휴식의 시간을 줄 필요가 있다. 그래야만 심리적인 균형을 유지할 수 있다.

2. 용서할 수 있는 만큼 용서하자

어떤 사람들은 논쟁을 벌이면서 상대에게 반박할 기회를 주지 않는다. 화를 잘 내고 다른 사람을 원망하는 사람은 처지를 바꿔 생각해볼 필요가 있다. 매번 상대가 할 말을 잃을 정도로 궁지로 몰아넣는 사람에게 앙심을 품지 않는 사람이 있을까? 그렇게 되면 동료 중에서 대립하는 사람이 많아지고 기분이 안 좋을 때 그 사람을 누구도 동정하거나 도와주지 않는다. 기회로 삼아 그 사람을 공격하고 친구가 없게 만들 것이다. 다른 사람과 논쟁이나 충돌이 발생했을 때 우리는 이치에 맞게 이야기하고 주도적으로 상대에게 양보할 줄 알아야 한다. 또한 상대의 체면을 세워줘야 이론적으로나 감정적으로 상대를 이길 수 있다. 상대의 신임과 존중을 얻으면 친구도 갈수록 많아지고 곤란과 좌절을 만났을 때 그들도 주도적으로 우리를 돕는다.

3. 주의력을 전환하고 자극을 피하자

슬픔, 우울, 분노를 느낄 때 인간의 대뇌피질은 강렬하게 반응한다. 만약 의식적으로 대뇌의 흥분과 억제 과정을 조절할 수 있다면, 심리적으로 평화로운 상태를 유지하고 부정적인 기분에서 벗어날 수 있다. 예를 들어 요즘 고민하는 심각한 문제가 있다면, 그 일로부터 관심을 돌릴 수 있다. 다른 일을 해보자. 음악을 듣거나 TV를 보거나 책을 보는 것도 좋다. 그렇게 주의를 돌리면, 부정적인 기분이 긍정적인 기분으로 전환되며 고민의 강도도 다소 희석되거나 사라질 수 있다.

4. 이성을 조절하고 스스로 열기를 식히자

이성을 조절하는 것은 좋지 않은 기분이 폭발하는 것을 의지로 억제하거나 완화시키는 것을 뜻한다. 또한, 스스로 열기를 식힌다는 것은 분노의 감정을 평온하게 억제하는 상태를 의미한다. 무슨 일이든 이성적으로 대하는 사람은 적시에 자신의 감정 변화를 의식할 수 있고 화가 머리끝까지 올라왔을 때도 즉시 옳지 않다는 사실을 의식해 신속하게 열기를 식힐 수 있다. 우리는 주도적으로 감정을 조절하고 이성적으로 화를 가라앉힘으로써 내면의 균형을 유지할 수 있다.

상대의 입장에서 먼저 생각하자

습관적으로 자신의 생각이나 의견을 다른 사람에게 강요하는 사람을 누구나 한 번쯤은 겪은 적이 있을 것이다. 이런 사람은 항상 자신의 방법과 의견이 가장 옳다고 믿는다. 아무리 상대를 돕고자 하는 마음에서 건네는 조언이더라도 입장을 바꿔 생각해보면 그러한 선의도 불편할 수 있다는 사실을 이해할 수 있다.

다른 사람과 대화할 때는 내 기준에 따라 섣불리 결론을 내리는 것을 삼가야 한다. 이러한 강요는 상대를 돕고자 하는 좋은 마음에서 비롯되는 경우가 대부분이지만 반드시 상대의 입장에 서서 문제를 해결할 방법을 찾아야 한다. 표면적인 도리를 이야기하면서 이를 상대가 받아들이기를 강요해서는 안 된다.

어느 날, 카네기는 강연을 위해 한 호텔의 대강당을 빌렸다. 그런데 장소를 예약하고 한참 뒤에 호텔은 세 배 더 높은 임대료를 그에게 요구했다. 카네기는 호텔 지배인과 임대료를 협상하기 시작했다. 카네기는 먼저 호텔의 매출을 올려야 하는 지배인의 고충을 충분히 이해한다며 말문을 열었다. 그런 다음 자신의 강연을 들으러 오는 사람들의 면면을 설명했다. 자신의 강연에 각 기업의 임원급 인사들이 호텔을 방문하고 그들에게 좋은 인상을 준다면, 장기적으로 자신의 강연을 유치하는 것 자체가 호텔에 큰 광고 효과를 가져올 것이라고 말했다. 이 대화의 끝에 호텔 지배인은 결국 임대료를 올리지 않기로 했다.

결국 카네기는 임대료를 더 내지 않아도 됐다. 그는 임대료를 더 낼 수 없다는 말 대신, 상대의 입장에 서서 자신이 이해하는 문제를 먼저 언급했다.

카네기가 지배인의 상황을 이해한다고 말했을 때, 지배인은 가격 협상 과정에서 생기는 긴장을 크게 낮췄을 것이다. 그 상태에서 카네기의 강연이 호텔에 가져올 부가적인 가치에 대한 말은 더욱 설득력 있게 들렸을 것이다.

이처럼 상대의 입장에서 먼저 생각했을 때, 대화하는 대상은 말을 더 편안하고 기분 좋게 받아들일 수 있게 된다. 이심전심, 역지사지의 공감 능력을 발휘하면 상대도 자신도 기쁘다.

상대의 입장에서 문제를 바라보는 것의 또 다른 이점은 당장 불거진 화제 이외에도 상대의 사고방식이나 취향 등을 더 깊이 이해할 수 있게 된다는 것이다. 이해를 바탕으로 상대를 보면 더 친근하게 느껴질 수 있다. 이어지는 대화에서 좀 더 침착하게 대응할 수 있음은 물론이다.

이러한 분위기에서라면 서로에게 이해를 구하기도 쉽고 설사 상대가 속임수를 쓰려 한다 해도 신속하게 대처할 수 있다. 하지만 안타깝게도 많은 사람들은 이렇게 대화를 이끄는 법에 익숙하지 않고 결국 자신의 입장을 성공적으로 관철시키지 못한다.

내가 입장을 바꿔 말할 때, 상대는 자신이 배려받고 있다고 여긴다. 상대의 기분을 좋게 하는 이러한 말은 강한 설득력으로 이어지는 경우가 많다.

여기에서 떠올릴 수 있는 중요한 원칙은 바로 지피지기다. 상대의 입장에서 그가 진정으로 원하는 것이 무엇인지 이해할 수 있다면 내가 지향하는 목표 또한 그에게 제시할 기회를 마련할 수 있다.

2차 세계대전, 전선이 매우 긴장된 때였다. 어느 날 오후, 미국 해군의 5성 대장 체스터 W. 니미츠Chester W. Nimitz는 초조해하며 중요한 문건을 기다리고 있었다. 그런데 문건을 가져와야 할 조수가 도무지 나타나지 않았다. 화가 난 니미츠는 직접 사무실로 갔고 그곳에서 책상 위에 엎드려 잠든 조수를 발견했다. 역정을 내려던 찰나, 니미츠는 조수가 지난 이틀 동안 치열했던 전투 탓에 눈을 거의 붙이지 못했다는 사실을 떠올렸다. 사무실에는 온갖 자료가 산더미처럼 쌓여 있었다. 니미츠는 조수를 깨우는 대신, 직접 필요한 자료를 찾았다. 그리고 조수에게 외투를 덮어 주고 사무실을 빠져나갔다. 이 일은 곧 병사들 사이에 퍼져나갔다. 그들은 이처럼 현명한 대장을 모시고 있다는 사실을 자랑스러워했다. 이들의 사기가 더욱 높아진 것은 물론이었다.

니미츠가 잠든 조수를 다짜고짜 질책했다면, 필요한 문선을 빨리 찾는 데 얼마나 도움이 됐을까? 그러기는커녕 대장과 조수 사이의 관계만 서먹해졌을 것이다. 전체적인 일의 방향을 뒤틀 만큼 큰일이 아니라면, 소소한 실수에는 서로 관용을 베풀 필요가 있다. 그래야 서로 공감하고 더욱 공고한 단결을 이끌 수 있다. 니미츠가 조수를 대한 너그러운 태도가 결국 전체 병사의 사기진작으로 이어진 것도 바로 이러한 이유다.

어쩌면 누군가는 다른 사람의 입장에 서본다는 것이 말처럼 쉬운 일이 아니라고 말할지 모르겠다. 그 말은 옳다. 하지만 불가능한 일은 전혀 아니다. 더욱이 이러한 태도 없이 성공적인 소통을 기대하는 것이야말로 거의 불가능한 일이다. 말을 잘하는 사람들은 더 쉽게 다른 각도에서 문제를 바라보며 대화를 이끄는 것처럼 보인다. 하지만 이러한 말솜씨에 처음부터 능수능란한 사람은 없다. 시행착오를 거치면서 습관을 들여 한 단계씩 발전할 때 이를 수 있는 경지다.

미국의 자동차 왕 포드는 다음과 같이 말했다. "만약 성공의 비결이 있다면 그것은 바로 상대의 입장에서 문제를 인식하고 사고하는 것이다." 상대와 의견이 불일치할 때, 상대의 입장에서 문제를 인식하고 사고한다면 당신은 자신의 잘못을 발견할 수도 있다. 게다가 주도적으로 잘못을 인정한다면 충돌이 신속하게 해결되고 성실한 교제 속에 상대와의 신뢰를 쌓을 수 있다.

자기 비하는 그만! 자신감을 갖자

> 어느 기업의 고위 관리자는 악기 연주에 능하고 업무 외의 시간에 창의적인 제품을 발명하는 등 왕성한 활동가였다. 그런데 그녀는 항상 자신을 아주 게으른 사람이라고 자책했다. 회사 일이 어려워지면 스스로 자신이 나태해서 일어난 결과라며 자기 탓으로 돌렸다. 정작 그녀는 다른 사람들이 자신을 어떻게 바라보는지는 알지 못했다. 다른 사람들에게 그녀는 고도의 자아실현을 이룬 훌륭한 인재였다.

전문가들은 능력이 탁월한 사람들이 스스로 낮게 평가하는 경우가 의외로 많다고 말한다. 이처럼 낮은 자존감은 다른 사람들의 편견에서 비롯되기도 하고 성장 과정에서 잘못된 양육 환경에 노출된 결과이기도 하다.

열등감은 자아를 억압하는 심각한 정신적 족쇄다. 일반적으로 열등감에 사로잡힌 사람은 자신에게 부족한 점을 늘 상기한다.

이들의 마음속에는 '자신감'이라는 단어가 없다. 이러한 사람들은 어려운 상황이 닥칠 때 쉽게 위축된다. 오랫동안 짝사랑한 사람 앞에서 고개를 들지 못하고 돈 많은 친구 앞에서는 자신이 더 초라해 보인다. 곤란한 상황이 벌어지면 그 원인을 쉽게 자기 탓으로 돌린다.

열등감을 자주 느끼는 사람은 내면 깊은 곳부터 자신에 대해 의심한다. 이러한 태도는 자신의 이미지와 능력, 품격 등을 과소평가하게 만든다. 남들과 비교해도 무엇 하나 나은 것이 없어 보인다. 이런 생각이 거듭될수록 성격은 더욱 의기소침해지고 투지와 신념, 열정은 옅어진다. 결국 열등감에 빠진 사람은 게으른 사람처럼 보이게 된다.

열등감은 심리의 불균형을 의미하며, 신체 건강마저 더욱 쇠약하게 만든다. 이러한 열등감에서 탈피해야 우리의 생활에 진정한 변화를 가져오고 다른 사람들에게도 긍정적인 영향을 끼칠 수 있다.

자아를 사랑하고 장점을 찾을 줄 알게 되면, 자신에게도 소중한 금광이 존재한다는 사실을 발견할 수 있다. 바로 행복과 즐거움이라는 보물이 매장된 금광이다.

열등감에서 벗어나려면 어떻게 해야 할까?

1. "나는 할 수 있다"라고 스스로 이야기한다

열등감을 내려놓고 자신을 사랑하고 칭찬하라. 자신의 장점, 성적, 만족스러운 부분을 전부 찾아낸 다음 마음속으로 자랑스럽게 생각하고 반복적으로 '나는 할 수 있다'라고 동기를 부여하며 암시하는 것이다. 처음에는 익숙하지 않겠지만 얼마 지나지 않아 '세상에 필요 없는 사람은 없다'라는 사실을 발견할 수 있을 것이다. 그로부터 점차 '모든 일이 다른 사람보다 못하다'라고 생각하는 열등감의 그림자에서 벗어날 수 있다.

2. 자신의 장점을 더 많이 바라보자

자신의 단점을 더 많이 보는 태도가 겸손한 것일 수도 있지만, 실제로는 열등감의 고통을 받고 있음을 의미한다. 사람은 누구나 장단점을 지니고 있다. 좀 더 객관적인 눈으로 자신을 평가하고 단점을 들추는 만큼 장점도 찾아본다면 자신감을 높일 수 있을 것이다.

3. 불필요한 허영심을 내려놓자

열등감과 자만심은 완전히 상반된 것처럼 보이지만 사실은 쌍둥이나 다름없다. 일반적으로 열등감이 강한 사람은 종종 자존심이 과도하게 높다. 이러한 사람은 부담감이 크기 때문에 쉽게 앞으로 나아가지 못한다. 반면, 허세가 심한 사람은 그만큼 더 노력한다는 장점도 있겠지만, 만일 실패했을 때 더 크게 실망하고 남보다 더 큰 내면의 상처를 입을 수 있다. 우리가 지고 있는 마음의 짐은 스스로 불러온 번뇌의 결과라는 사실을 알아야 한다. 열등감이나 자만심으로 인한 고통도 마찬가지다.

4. 사람들 앞에서 자신을 드러내자

카네기는 '사람들 앞에서 말하기는 자신감을 높이는 효과적인 돌파구'라고 했다. 이러한 활동은 열등감을 극복하는 데도 아주 효과적인 방법이다. 다른 사람 앞에서 말할 기회가 생긴다면 마다하지 말고 꼭 시도해보라. 지하철이나 버스를 탈 때, 행사에 참석할 때, 구석진 자리보다 의식적으로 앞자리에 앉는 것도 자신감을 높이기 위한 좋은 훈련이 된다.

5. 작은 목표부터 완성하자

실패가 여러 번 거듭되면 스스로 무능한 사람이라고 판단해버릴 수 있다. 이러한 태도는 곧 열등감으로 이어지기 쉽다. 이 악순환을 피하려면, 현실적으로 달성할 수 있는 목표를 세우는 것이 중요하다. 작은 일부터 차근차근 성취하며 자신감을 키우는 것이 좋다.

6. 6C 단련법으로 자신감을 높이자

자신감을 높이기 위해서는 내가 처한 환경에 적극적으로 변화를 일으켜야 한다. 이를 위한 6C 단련법을 소개한다.

① 소통Communication: 적극적인 소통으로 내가 바라는 것을 정확히 표현한다.

② 개념Concept: 자신의 생명을 소중히 여긴다.

③ 능력Competence: 재능 발휘와 기분 전환에 좋은 활동에 적극적으로 참여한다.

④ 공헌Contribution: 스스로 영향력이 있고 상황을 변화시킬 수 있음을 깨닫는다.

⑤ 관리Control: 자신의 삶을 주체적으로 관리한다.

⑥ 용기Courage: 두려움을 극복하고 과감하게 모험을 감수한다.

2부

상처 주지 않고
할 말 다하는 말솜씨

1장 | 거절할 때 오히려
       듣기 좋게 말하는 법

거절은 왜 어렵고 힘들까?

거절은 어려운 일이다. 거절을 해도 하지 않아도 문제다. 상대의
부탁을 거절하면 행여나 좋은 관계가 어그러질까 두렵고 무리하
게 부탁을 들어주면 뒷감당이 두렵다. 기껏 애쓰고 나서 상대로
부터도 좋은 소리 듣지 못할까 걱정도 된다.

  모든 관계는 완벽하게 끝까지 유지하기는 어렵고 그럴 필요
도 없다. 또한 내가 감당하기 어려운 일을 거절한다고 해서 실제
로 관계가 나빠지는 경우는 많지 않다. 그래도 거절이 어려운 이
유는 거절에 또 다른 의미를 부여하기 때문이다. 누군가 내 부탁

을 거절하면, 그 사람이 부탁을 거절한 것이 아니라 나를 거절한 것처럼 느껴지기 쉽다.

부탁을 받는 사람의 입장에서는 어떨까? 상대가 상처를 입지 않을까 두려워하는 것과 더불어 체면 때문에 거절하지 못하는 경우가 많다. 이러한 이유로 정작 해야 할 말을 하지 못하는 것도 일종의 심리적인 장애다.

그렇다면, 친구 사이에 부탁하거나 거절해야 할 때, 어떻게 해야 의사를 전달하면서도 우정을 지킬 수 있을까? 부탁하는 입장에서는 자신이 처한 상황이나 문제를 솔직하고 명확하게 설명해 줘야 한다. 반대로 부탁을 거절해야 할 때는 우유부단하게 돌려 말하지 말고 간단명료하게 의사를 전달해야 한다.

> 라오리는 좋은 사람으로 정평이 나 있다. 어떤 부탁이라도 들으면 거절하는 법이 없었다. 그런데 최근 그는 난처한 경험을 했다. 고향을 떠나 도시에서 장사를 시작하려는 친척이 자금이 급하다며 라오리에게 은행 대출을 부탁한 것이다. 라오리는 거절하지 못하고 대출을 받아 돈을 빌려줬다. 하지만 그 친척의 장사는 잘되지 않았고 대출 이자도 제때 갚지 못하는 처지가 됐다. 은행으로부터 빚 독촉에 시달리게 된 라오리는 몇 번이나 친척에게 돈을 갚아달라고 재촉했지만 별 소용이 없었다.

차가운 모래바람이 휘몰아치던 어느 날 밤, 사막 한가운데를 헤매던 낙타는 장막을 발견했다. 그 안에는 장막의 주인인 한 남자가 쉬고 있었다. 낙타는 남자에게 얼굴만 녹일 수 있게 해달라고 간절히 부탁했다. 낙타를 불쌍히 여긴 남자는 그러라고 했다. 장막 안에 얼굴을 들이밀고 있던 낙타는 이번에는 어깨가 얼었다며 조금만 더 자리를 내어 달라고 했다. 남자는 이번에도 그러라고 했다. 하지만 자리를 좀 더 내어달라는 낙타의 부탁은 끊이지 않았다. 남자는 모래바람이 이렇게 심한 날에는 함께 견딜 친구가 있는 것도 괜찮겠다고 생각했다. 그는 결국 낙타가 들어올 수 있게 해줬다. 하지만 장막 안으로 들어온 낙타는 태도가 돌변하고 말았다. 간절히 부탁하던 낙타는 남자에게 이렇게 호통을 쳤다.

"여기는 몸을 돌리기도 힘드네요. 너무 좁으니 좀 나가주시죠!"

위 이야기에서처럼 제때 거절하지 못하다가 결국 봉변을 당하게 되는 경우가 많다. 거절에도 요령이 필요하다. 고대 그리스의 철학자 피타고라스Pythagoras는 이렇게 말했다. "된다, 혹은 안 된다고 말할 때는 신중하게 생각해야 한다. 깊이 따져봤을 때 부적절한 일이라고 판단하면, 솔직하게 안 된다고 말하라. 그러지 않으면 피동적인 상황에 빠지고 말 것이다. 이것은 자신은 물론 상대에게도 모두 불리하다."

심리학자들은 안 된다고 말하지 못하는 것이 인간관계를 걱정하는 심리의 표현이라고 말한다. 사람들은 친구의 부탁을 거절하면 상대가 상처를 받거나 우정이 깨질까 두려워한다. 그래서 부담스러우면서도 부탁을 들어주고 만다. 하지만 심리저으로 불필요한 압박을 받게 되면, 정신적 실병으로 발전할 수 있다.

> 한 어머니가 정신과 의사에게 아이가 울며불며 달라고 하는 것을 줘야 할지, 아니면 주지 말아야 할지 고민이라고 했다. 의사는 이 어머니에게 프랑스의 저명한 교육가 장 자크 루소Jean Jaques Rousseau의 말을 빌려 이렇게 설명했다.
>
> "아이가 울면서 무언가를 요구할 때는 확실하게 거절해야 합니다. 운다고 해서 부탁을 들어준다면, 아이는 그런 방법이 먹힌다고 생각할 겁니다. 차분하게 말하는 것보다 우는 것처럼 강하게 표시해야 원하는 것을 얻을 수 있다고 믿겠지요. 아이의 욕망은 끝이 없습니다. 어쨌든 당신은 그것을 거절해야 합니다. 그런 일이 반복되면 나중에 울어도 뜻대로 되지 않을 때 더 큰 충격을 받게 됩니다. 상황이 심각해지면, 아이는 세상 누구도 믿을 수 없다고 생각하고 자살을 시도할 수도 있습니다."

거절을 모르고 자란 아이는 성인이 됐을 때 성격적으로 문제가 발생하고 좌절을 이겨내는 능력이 약해질 수 있다. 누군가에게 냉대를 받으면 다른 사람보다 절망, 부정, 우울감을 더 크게 느끼고 자신의 요구가 관철되도록 수단과 방법을 가리지 않기도 한다.

그래서 심리학자들은 필요한 것을 다른 사람에게 명확하게 요구하거나 다른 사람의 거절을 받아들이는 태도에 따라 인간관계와 관련한 심리적 성숙도를 판단할 수 있다고 말한다. 다른 사람의 부탁을 거절하거나 거절을 수용하는 것은 모두 자신감과 용기가 필요한 일이다. 거절하지 못하는 사람은 자신의 요구도 제대로 제시하지 못한다.

심리학에서는 타인에게 거절하기 두려워하는 것을 '거부 민감성'이라 한다. 거부 민감성이 높은 사람은 겉으로 봤을 때 인간관계가 좋아 보이고 열심히 남을 도우며 평판도 좋다. 하지만 그만큼 속으로는 괴로움을 억지로 삼키고 있을 때가 많다. 체면을 위해 싫은 것도 마다치 않다 보니 감수하게 되는 고통이다.

다른 사람의 비위를 맞추는 것에는 두 가지 의미가 있다. 하나는 상대의 비위를 맞춰 목적을 달성하고자 하는 실리적인 동기다. 다른 하나는 공격성과 관련이 있다. 즉, 상대의 비위를 맞추며 공격의 가능성을 제거하고 자신의 생존환경을 여유롭게 하는 것이다. 이 두 가지의 의미 모두 어느 정도 긍정적인 역할을 하는 것 같지만, 이러한 행동 역시 도를 넘으면 자신은 물론 다른 사람에게도 부담된다.

과도하게 다른 사람의 비위를 맞추는 것의 문제는 한두 번 맞춰서 끝날 일이 아니라는 점이다. 비위를 맞춰야 할 일도, 그로 인한 걱정과 두려움도 끝없이 반복된다. 다른 사람에게 안 된다고 말하기를 두려워하는 심리는 상대도 자기와 같을 것이라고 여기는 데서 비롯된다. 즉, 나처럼 상대도 거절을 받아들이지 못할 것으로 생각하기 때문에 부탁을 거절하지 못하는 것이다.

안 된다고 말하기를 두려워하는 사람이 내면에 안고 있는 콤플렉스는 주로 다음과 같은 원인으로 설명된다. 이런 사람은 과거의 경험이나 인간관계에서 '너는 ~하면 안 돼'라는 말을 들은 경우가 많다. 이와 같은 제약에 자주 노출된 사람은 자주성과 창조성을 발휘하기 어렵다. 매번 "너는 안 돼" 또는 "너는 할 수 없어"와 같은 말을 들은 사람은 상대의 그러한 제약을 위반했을 때 뒤따르게 될 벌을 피하고자 하는 마음이 커지고 이로 인해 '안 된다'는 말에 더 민감해진다.

이런 사람은 권위를 휘두르는 사람의 말을 거절하지 못하고 겉으로는 복종하지만, 마음속으로는 혐오한다. 이 혐오심은 제약 받은 것에 대한 긴장과 초조함을 키우게 되고, 상대에게 거절당하는 것을 더욱 두려워하게 한다.

거절하지 못하는 심리에 숨은 체면 차리기는 동양 철학의 영향을 받은 것으로 설명할 수 있다. 체면을 중시하는 문화에서는 다른 사람의 눈에 자신이 어떻게 비치는지가 중요하며, 남들이 뒤에서 자신에 대해 나쁘게 말하지 않을까 노심초사한다. 이러한 체면은 본질적으로 인간의 자존심에서 비롯된다.

현실 사회에서 다른 사람들과 복잡한 관계를 맺으면서 압박감과 고통을 감수해야 하는 순간을 무수히 직면하게 된다. 그만큼 거절해야 할 순간도 거절을 감수해야 할 순간도 많다. 그래서 적절한 거절의 기술을 익혀야 더 순조롭고 만족스러운 삶을 이어갈 수 있다. 또한, 그래야 부당한 대우에서 벗어날 수 있다. 우리가 세상일을 모두 주관할 수는 없다. 놓아야 할 것은 놓아야 한다. 거절이 바로 그러한 것이다.

○
대충 받아들이는 것도 상처다

주위를 보면 '안 돼'라는 말을 도무지 하지 못하는 사람들이 있다. 그들은 명확하게 의사를 표시하지 못하고 대강 아무 말이나 얼버무리며 일단 그 상황을 피하려고 한다. 하지만 이러한 태도는 절대 멀리해야 한다. 타인과의 우정에 영향을 끼치는 한편 상대가 내가 원하는 대로 행동할 지는 알 수 없기 때문이다.

어떻게 말하든 거절은 거북한 것이다. 아무리 완곡히 말한다고 해도 거절을 당하는 쪽의 심리적 부담을 아주 없앨 수는 없다. 거절할 때는 그러한 충격을 최소화할 수 있는 솜씨가 필요하다.

그러나 그것이 상대를 우롱하는 것이어서는 안 된다.

특히, 부하 직원을 비롯한 아랫사람의 부탁을 거절할 때는 오만하게 보이지 않도록 주의해야 한다. 대신 상대의 처지를 이해하고 배려하는 말투로 거절할 수밖에 없는 이유를 설명해줘야 한다. 그러면 상대는 진심으로 감동할 것이다. 또한, 이야기가 끝난 후에는 반드시 상대를 문까지 바래다주고 다시 한 번 유감의 뜻을 전해야 한다. 바람직한 태도의 거절은 앞으로 더 깊은 관계를 맺을 수 있는 씨앗이 된다.

사무실에서 류위는 누구보다 일찍 출근하고 늘 바쁘게 일하는 사람이다. 하지만 승진이 남보다 빠른 편은 아니었다. 사무실 동료들 사이에는 류위만 모르는 암묵적인 규칙이 있었다. 급하게 처리해야 하거나 도무지 될 것 같지 않거나 그냥 내키지 않는 업무가 있으면 류위에게 미루는 것이었다. 마음 약한 류위는 다른 사람이 부탁하는 것은 거절하지 못했고 결국 동료들이 미루는 일을 너무 많이 떠안기 일쑤였다. 상황이 이렇다면, 류위는 사무실에서 인기가 많을 것 같지만 정반대였다. 어느 날, 동료들의 잡담을 우연히 엿들은 류위는 깜짝 놀랐다. 그 자리에서 한 동료는 이렇게 말했다.

"류위는 틀려먹었어. 며칠 전에 내 기획서를 도와줬는데, 그걸 과장님한테 가져갔다가 나만 혼났잖아. 데이터를 잘못 썼더라고. 그럴 줄 알았으면 그냥 내가 하는 건데."

류위는 혼란스러웠다. 그가 자신에게 기획서를 도와달라고 할 때는 정말 불쌍한 표정을 지으며 애원했기 때문이다. 간신히 일을 마치고 돌려줬을 때, 그는 감격의 눈물까지 흘릴 지경이었다. 마음속이 어지러웠다. 게다가 류위는 그에게 기획서를 돌려주며 데이터 확인은 하지 못했으니 반드시 데이터 확인을 해야 한다는 말도 했다. 다른 일도 많았던 류위는 검토까지 완벽하게 마칠 수 없었기 때문이다. 더욱이 그 일은 류위의 일도 아니고 그 동료의 일이었다. 하지만 모든 것이 자신의 잘못이 돼버렸다. 밤새워 도와준 공은 온데간데없이 사라지고 말았다.

모두에게 친절했던 류위가 이 꼴을 당한 이유는 무엇일까? 감사 인사는커녕 원망만 들었으니 말이다. 류위도 동료들의 일을 떠맡는 것이 분명히 즐겁지 않았을 것이다. 그가 동료들의 부탁을 거절하지 못하고 억지로 승낙했던 것도 체면 때문이었다. 동료들의 진심을 알게 된 류위의 상처는 이만저만이 아니었다. 한 가지 더 짚고 넘어가야 할 것은 류위의 우유부단함은 회사에도 보탬이 되지 않았다는 사실이다. 다음 사례에서 왕홍은 류위와 정반대의 태도를 보인다.

왕훙의 사장은 일 중독이다. 동료들은 대부분 사장만 보면 피하기 바빴다. 마주치기만 하면 뭔가 새로운 일거리를 주기 때문이었다. 하지만 왕훙은 사장을 굳이 피하지 않으면서도 자기 업무에 충실했다. 그 비결을 왕훙은 이렇게 설명했다.

"처음에는 저도 종일 일만 했어요. 사장님 능쌀에 쉴 틈이 없었죠. 그런데 시간이 지나면서 저는 사장님 같은 일 중독자들의 사고방식을 깨달았어요. 자기가 직원들에게 얼마나 많은 일을 이미 배분했는지 생각하지 않아요. 게다가 엄청난 시간을 들여 업무를 처리해내는 수고와 노력을 당연하게 여기지요. 그래서 너무 많은 업무량이나 제 능력을 벗어나는 일은 절대 무리해서 맡지 않겠다고 다짐했어요. 정확하게 의사를 전달하지 않으면 일 중독인 사장님은 자기 직원의 업무량이 이미 한계에 달했다는 사실을 절대 깨닫지 못해요. 다양한 업무의 난이도나 고충을 사장님이 모두 파악하는 것도 무리지요. 결국 직원이 주도적으로 사장님과 소통해야 해요. 그래서 사장님이 적절한 업무량을 분배하고 그래도 일이 많으면 여러 명에게 일을 분담시킬 수 있게 유도하는 것이지요."

왕훙이 당장 사장의 마음을 불편하게 하기 싫다고 억지로 일을 맡았다면 업무의 효율이나 완성도가 떨어졌을 것이고 결국 류위의 사례처럼 질책받았을 것이다. 솔직하게 거절하는 방법은 상사뿐만 아니라 주위의 동료에게도 적용할 수 있다. 거절하는 과정에는 기술뿐만 아니라 진심 어린 인내심과 배려가 필요하다. 무성의하게 응대하면 상대도 이를 당연히 눈치챈다. 그러면 인간관계에도 큰 상처를 입을 수 있다.

거절은 무책임하거나 책임을 전가하는 것이 아니다. 상대에게 부득이한 상황을 설명하면 이해된다는 것을 믿어야 한다. 내가 소화할 수 있는 일이 아니거나 내가 해서 즐거울 일이 아니라면 과감하게 떨쳐버리자.

태도보다 중요한 'NO'라고 말하는 기술

무슨 부탁을 하든 다 들어주는 사람은 다른 사람보다 더 착한 것일까? 그렇기도 하겠지만, 그보다 거절하는 법을 몰라서 떠안는 경우가 많다.

남들이 부탁하는 대로 다 들어주다 보니 이런 사람은 늘 정신이 없고 일은 해도 해도 끝이 없다. 원래 자기 일도 아닌 것에 조바심을 내다보면 심리적으로도 큰 압박을 받게 된다. 자기의 심리적 건강함을 지키려면 어려운 일은 분명한 의사 표시로 거절하되 듣기 좋게 말하는 기술을 익혀야 한다.

한 회사의 마케팅부 직원인 윈칭은 다른 사람의 부탁을 완곡하면서도 정중하게 거절을 잘하기로 유명했다. 윈칭은 신상품 전시 행사 준비를 담당하게 됐다. 이 행사에서는 신상품 홍보 및 강연은 물론, 협력업체들의 제품을 소개하는 자리가 마련됐다. 대규모인 데디 공기업도 참여하는 행사라서, 국내 주요 언론사들의 관심도 쏠렸다. 그러다 보니 발표회에 참석한 업체들 사이에서는 눈에 잘 띄는 전시 공간을 확보하려는 경쟁이 치열했다. 그중에서 각기 다른 회사의 관리자 두 명이 좋은 자리를 부탁하려고 윈칭에게 연락했다. 윈칭은 난감했다. 배정해주는 좋은 자리는 한 곳뿐이었기 때문이다. 협력업체들과 관계는 물론이고 원활한 행사 진행을 위해서도 이 상황은 분명히 해결해야 했다. 윈칭은 양쪽 회사에 성급하게 자리를 배정하는 대신, 이들과 대화를 통해 해법을 찾기로 했다.

"이번 전시회에는 다수의 업체가 참여합니다. 행사를 조직하는 입장에서 실적이나 브랜드 인지도 등을 고려해 자리를 배정하는 원칙이 있습니다. 이 원칙에 따라 관련 자료를 보내주시면 심사를 통해 자리를 배정하겠습니다."

윈칭은 이러한 과정의 공평성을 이해시켰고 각 회사의 관리자들 또한 이 원칙에 따를 것을 약속했다.

위 사례에서 윈칭이 공평성을 언급한 것은 아주 현명한 선택이었다. 협력업체 관리자들이 처음에 윈칭에게 접근했을 때는 무조건 편의를 제공해달라고 요구하려는 것이었지만, 윈칭이 제시한 공평한 원칙에 반대할 명분은 없었다. 윈칭의 현명한 대응에 어느 쪽도 더는 억지를 부릴 수 없게 된 것이다. 윈칭의 사례야말로 거절에 필요한 기술을 분명히 보여준다.

Talk point 6

어떻게 거절해야 할까?

1. 거절에도 장소가 중요하다

거절은 많은 사람 앞에서보다 일대일로 만난 자리에서 하는 것이 낫다. 주위에 다른 사람들이 있는 자리에서 거절을 당하는 사람은 더 민망할 테고 상처도 깊어질 수 있다. 만약 당장 다른 사람들을 피하기 힘든 자리라면, 그 자리에서 답하기보다 따로 기회를 만드는 것이 좋다.

2. 먼저 우호적인 표현을 한 다음 거절한다

우호적인 태도를 먼저 보인 다음에 거절 의사를 밝히면, 상대

입장에서 거절당하는 느낌을 완화할 수 있다. 처음부터 "저는 동의하지 않아요"라고 잘라 말하기보다 이렇게 말해보자. "브리핑 정말 잘 들었습니다. 훌륭했어요. 그런데 제가 완전히 수락하기에는 조금 어려운 부분이 있어요."

3. 상대를 부정하기보다 자신을 먼저 낮춘다

상대를 부정하는 듯한 태도보다는 돕고 싶으나 역량이 미치지 못하는 점을 애석해 하며 자신을 낮추는 것이 좋다. 이렇게 의사를 표현하면, 상대가 느낄 수밖에 없는 실망감과 균형을 맞출 수 있다. 또한, 상대의 부탁을 거절하는 것이지 상대를 거절하는 것이 아니라는 점을 상기시킬 수 있다. 도움을 줄 적합한 사람이 있다면 추천하는 것도 좋다.

4. 다른 사람과의 관계를 들어 설명한다

진심 어린 유감이나 공감을 전하며 다른 사람과의 관계에 따른 문제를 설명한다면, 상대도 거절할 수밖에 없는 사람의 입장을 이해할 것이다. 예를 들어, 이렇게 말해보자. "정말 죄송하지만 회사 규정상 안 될 것 같습니다." "이 물건이 정말 필요하신 것은 이해하지만 제가 바로 드리지 못하겠네요. 사장님께 먼저 보고해야 해서요."

5. 부탁한 내용을 신중하게 고민하는 모습을 보인다

거절할 것이 뻔한 상황이라도 너무 단호하게 즉시 거절 의사를 밝히면 상대가 입는 충격은 이만저만이 아니다. 꼭 긴 시간을 두고 고민하지 않더라도 부탁하는 사람의 눈을 마주하고 잠시 생각하는 모습만 보이더라도 듣는 사람의 고충을 드러내기에 충분하다. 가능하다면 생각할 시간을 달라고 하는 것도 좋다. 나중에 의사를 밝힐 때는 직접 만나는 것이 전화보다 나을 수 있다. 단, 시간을 너무 길게 끌면 안 된다. 부탁한 입장에서 답변을 오래 기다리다 허사가 된다면 더 불쾌할 것이다.

6. 대안을 제시한다

집에 일이 있어 평소보다 조금 서둘러 퇴근하려는데 동료직원이 뭔가 부탁할 때가 있다. 그 부탁을 들어줬다가는 퇴근이 늦어지게 생겼다. 이런 상황에는 어떻게 하는 것이 좋을까? 먼저 지금 상황을 솔직하게 말하고 부탁을 당장 들어줄 수 없다는 의사를 분명히 하자. 그리고 부탁을 들어줄 수 있는 때를 구체적으로 제시하거나 다음에 기회가 되면 꼭 돕겠다고 한다면 상대도 흔쾌히 상황을 이해할 것이다.

고백을 거절할 때는 '정'과 '도리'를 설명하자

수락과 거절은 의미뿐만 아니라 다른 면에서도 정반대다. 수락하기는 쉬운 편이지만 거절하기는 힘들다. 수락은 시모의 관계를 가깝게 하지만 거절은 반대의 상황이 생길 수도 있다.

그런데 수락이 모두 긍정적인 결과로 이어지는 것은 아니다. 수락도 어느 때는 거절만큼이나 부담스럽다. 아무런 소득이 없거나 고통이 따르는 수락도 좋지 않다. 보통 수락은 양보와 타협의 결과로 이해되지만 나약함, 무능함, 둔감함의 결과로 비치기도 한다. 마음과 다른 수락은 부담이자 번거로운 일이며 심지어 굴욕이기도 하다.

연인 관계에서도 마찬가지다. 서로 지속할 인연이 아니라면 어느 시점에 상대를 거절해야 할 때가 있다. 어느 상황이든 거절을 당하는 입장에서는 상처를 입을 수 있지만, 특히 연인 사이라면 더할 것이다. 하지만 상처가 더 커지기 전에 당장은 서로 힘들더라도 관계를 정리해야 할 때는 시간을 끌지 않고 적절하게 거절해야 한다.

일방적으로 한쪽이 좋아하는 상황이라면 단호한 방법이 더 효과적일 수 있다. 그러나 어떤 상황이더라도 상대에게 우호적이고 성실한 태도를 보여야 한다. 상대의 호의와 사랑에 대한 감사

의 마음을 진심으로 전하는 것이 중요하다. 이러한 말에서 상대
는 존중과 배려를 느낄 수 있다. 비록 연인 관계로 나아가지는 못
하더라도 좋은 친구로 남을 수 있다.

Talk point 7

연인 관계로 발전하기 바라는
상대를 거절하는 법

1. "나도 생각해봤지만, 아무래도 안 되겠어"

아주 완곡한 표현으로 상대는 바로 거절의 의미로 받아들일 것
이다. 가장 간단하면서 효과적인 말이고 서로 부담감도 적다.

2. "너와 함께 있으면 즐거워. 하지만 난 너를 좋은 친구
로 생각해"

오랜 친구로부터 사랑을 고백받은 사람은 상대를 거절했을 때
우정마저 깨질까 봐 걱정한다. 이러한 걱정과 미안함에 모호한
태도를 보인다면, 이것이야말로 상대를 더 괴롭히는 행동이다.
사랑만큼이나 우정을 소중하게 지키고 싶다면, 자기 생각을 확
실하게 밝혀야 한다. 그래야 상대가 친구로 남을 수 있다.

3. "난 너에게 해줄 것이 없어"

상대와 연인 관계로 발전하고 싶은 마음이 없고 친구 사이로 관계를 지속하는 것도 원하지 않는다면, 더욱 단도직입적으로 확실하게 말해야 한다. 대충 넘기거나 침묵하는 것은 모두 적절하지 않다. 그러면 상대는 아직 기회가 남아있다고 생각하게 된다.

4. "나도 아직 내 감정을 모르겠어. 무책임하게 사랑을 시작하고 싶지는 않아"

상대의 충격을 가장 낮출 수 있는 말이다. 만약 자신도 상대에게 호감을 느끼고 있거나 좀 더 시간을 두고 지켜보고 싶다면 이렇게 말하는 것이 현명하다. 그러나 상대에 대해 별로 호감이 없는 상황이라면 이 말은 역효과를 일으킨다. 또한, 상대를 데리고 노는 것에 지나지 않는다.

5. "우리는 성격이 잘 맞지 않는 것 같아"

영화 속에서는 깜짝 고백으로 연인이 되는 행복한 장면들이 많이 등장한다. 하지만 현실은 영화와 다르다. 아무런 낌새도 눈치채지 못하고 있는데 갑작스럽게 고백을 받으면 기쁘기보다 당황스럽고 난처하다. 만약 이런 고백을 받았는데 내키지 않는다면, 서로 취향이나 성격이 맞지 않는 것 같다고 분명히 밝히는 것이 좋다.

6. "난 너를 정말 좋아하지만 사랑하지는 않아"

이 말은 가장 직접적이면서도 완곡하다. 많은 사람이 이런 말로 고백을 거절한다. 이 표현은 상대의 감정을 배려하면서도 너무 난처하게 만들지 않는 방법이기도 하다. 비록 연인 관계로 발전하지는 못하지만, 여전히 그 사람이 자신에게 소중한 친구라는 점을 상기시킨다면 상대도 안심할 수 있을 것이다.

난처한 부탁은 확실히 거절하고 방향을 알려주자

우리는 자주 난처한 상황에 부딪힌다. 평소에 미덥지 않은 사람이 돈을 빌리려 하는 경우도 그렇다. 절대 갚을 사람이 아니라는 것을 알지만 단칼에 거절할 명분을 찾기도 어렵다. 잘 아는 사람이 장사를 시작하며 물건을 사라고 권할 때도 난감하다. 나에게 당장 필요한 것도 아니고 손해를 입을 것이 뻔하다.

반면, 정말 안타까운 순간도 있다. 과거 내가 힘들 때 도와줬던 친구가 도움을 요청하는데 아직 도울 여력이 없는 경우다. 친구는 내가 은혜를 저버렸다고 생각할 수 있다. 이럴 때는 어떻게 거절해야 할까?

샤오리는 회사의 중간급 간부다. 최근 자신의 업무 범위를 넘어서는 일을 처리하게 돼서 정신이 하나도 없었다. 처음 하는 일이라 모르는 것도 많고 시간도 배로 들었다. 하필 그 시점에 상사는 업무 확장과 관련한 회의에 참석할 것을 요구했다. 샤오리는 도저히 시간이 나지 않았기 때문에 그 자리에서 바로 거절했다.

"안 됩니다. 저는 현재 회의에 참석할 여유가 전혀 없습니다."

그 말을 들은 상사의 얼굴이 굳어졌다. 그는 불만이 가득한 목소리로 이렇게 말했다.

"알았네. 그럼 앞으로는 자네를 귀찮게 하지 않겠네."

상사의 요구를 말이 떨어지기가 무섭게 그 자리에서 거절한 샤오리의 말에는 다소 문제가 있다. 아무리 거절할 수밖에 없는 상황이었더라도 공개적으로 상사의 체면을 떨어뜨렸기 때문이다. 거절할 때 가장 조심할 것은 부탁을 들은 즉시 '안 된다'라고 이야기하는 것이다. 샤오리가 이렇게 말했다면 어땠을까? "정말 죄송합니다. 저도 참석하고 싶은데, 지금 맡은 업무가 너무 많아서 정신이 하나도 없네요. 샤오왕이 대신 들어가면 어떨까요?" 이렇게 말한다면 자신의 현재 상황을 상사에게 분명히 이해시키면서 도움이 되는 제안도 할 수 있다.

혹시 일시적인 충동을 참지 못해 위 사례처럼 말실수했다면 곧바로 사과하는 것이 좋다. "죄송합니다. 제가 요즘 일이 너무 많아서 예민했던 것 같습니다." 곧바로 반성하는 모습을 보이고 이해를 구한다면 상사와 좋은 관계를 유지할 수 있다.

일반적으로 부탁하는 사람은 상대가 그 문제를 해결할 수 있다는 기대를 품고 있다. 이 기대가 높을수록 상대는 거절하기 더 어려워진다. 거절하기 전에 자신의 능력을 굳이 언급해 상대의 기대를 더 높이는 일이 없도록 조심해야 한다. 대신 자신의 단점을 말하면 상대의 기대치를 낮출 수 있고 거절하는 사람은 물론 애초에 부탁했던 사람의 입장에서도 긍정적인 결과를 이끌 수 있다. 더 좋은 선택지를 돌아볼 기회가 생기기 때문이다.

아래 샤오린과 샤오장의 대화는 단호하게 잘라 거절하지 않으면서도 부탁을 들어줄 수 없는 상황을 효과적으로 설명하는 방법을 잘 보여준다.

> **샤오린** 샤오장 씨, 사장님이 저한테 이 자료를 정리하라고 했는데, 제가 제대로 못 할 것 같아 걱정이에요. 좀 도와주실 수 있어요?
>
> **샤오장** 정말 도와드리고 싶지만 제 일이 아직 안 끝났어요. 샤오린 씨 능력이면 충분히 잘해낼 수 있을 거예요. 우선 해보시고 만약 제가 도울 수 있는 일이 있으면 도울게요.
>
> **샤오린** 알겠습니다. 감사해요.

샤오장의 말은 아주 적절하고 효과적일 뿐 아니라, 샤오린에 대한 배려도 엿보인다. 만약 그가 부탁을 듣자마자 "당신 일을 내가 어떻게 해요?"라며 되물었다면 반감만 크게 샀을 것이다. 이처럼 부득이하게 다른 사람의 부탁을 거절할 때는 확실하게 의사를 밝히되 상대에게 대안이나 출구를 제시해주는 것이 좋다. 그러면 상대도 서운한 마음보다 고마운 마음이 더 들 것이다.

○ 상처 주지 않으려면 먼저 공감하자

부득이하게 거절할 때는 상대의 부탁에 대해 먼저 관심과 공감의 말을 건네야 한다. 그런 다음, 자신의 상황을 구체적으로 밝히며 상대의 부탁을 들어줄 수 없는 이유를 설명해야 한다. 이처럼 공감에 바탕을 두면 상대는 자신의 부탁을 들어줄 수 없는 상황을 이해하고 그러한 설명을 진실한 것으로 받아들일 수 있다.

부탁을 거절할 때는 용감하게 자신의 의사를 밝혀야 한다. 다만, 상대의 체면을 구기지 않도록 조심해야 한다. 다음 사례의 교수가 거절하는 모습이 그러한 예다.

> 한 청년 작가는 모 대학의 교수와 친분을 쌓고 싶었다. 앞으로 문예 창작과 이론 연구를 함께하고 싶었기 때문이다. 작가

는 아주 적극적으로 다가섰다.

"오늘 저녁 8시에 선생님과 근처 식당에서 함께 저녁 식사를 하고 싶은데요. 괜찮으실까요?"

그러나 공교롭게도 교수는 다음 주에 있는 학술 대회 원고를 준비하느라 시간을 낼 수가 없는 상황이었다. 교수는 미안한 듯 웃으며 말했다.

"초대해주셔서 정말 영광입니다. 그런데 오늘은 제가 원고 작성 때문에 도저히 시간을 낼 수 없네요. 정말 미안합니다."

그의 거절은 예의 바르고 간단명료했다.

다른 사람의 부탁을 거절하는 것은 많은 사람에게 꽤 머리 아픈 일이다. 그래서 다른 사람이 부탁을 하면 '안 된다'라고 말하기를 미안해한다. 거절하면 상대의 감정을 상하게 하고 두 사람의 관계에 영향을 끼칠 수 있기 때문이다. 하지만 다른 사람의 부탁을 들어주기 어렵거나 자신에게 손해가 큰 상황이라면 우리는 반드시 상대의 요구를 거절해야 한다. 다만 상대의 감정을 고려하고 될 수 있는 한 서로의 감정에 상처 주지 않아야 한다.

2장 잘못 '행동'했다고
잘못 '말'하지 마라

누구나 듣기 좋은 말을 좋아한다

반려동물을 쓰다듬어 줄 때 가장 기본적인 방법은 털의 결을 따라 가볍게 만져 주는 것이다. 그러면 고양이는 기분 좋게 가르랑거리고 강아지는 꼬리를 살랑살랑 흔든다. 주인의 손이나 얼굴을 핥기도 한다. 그런데 털의 결 반대 방향으로 쓰다듬는다면 어떨까? 고양이나 강아지 모두 불편해서 도망갈 것이다. 사람도 마찬가지다. 듣기 좋고 편한 말을 마다하는 사람은 없다. 반려동물의 털을 결 따라 쓰다듬듯이 사람을 대할 때도 그의 성격과 생각을 고려해 그 결에 맞는 말을 한다면 좋은 친구가 될 수 있다.

우리는 일반적으로 다른 사람이 자신의 바람대로 행동하기를 원한다. 하지만 아무런 노력도 하지 않고 다른 사람이 나에게 맞춰주기만 바랄 수는 없다. 이를 위해 내가 먼저 상대의 귀에 거슬리는 말을 하지 않는 것이 중요하다.

다른 사람에게 칭찬받는 것이 싫다는 사람도 있는데, 이는 자칫 아첨으로 들릴 수 있는 방식이 어색한 것이지 칭찬 자체가 싫은 것은 아닐 것이다. 사람이라면 누구나 칭찬과 공감을 얻고 싶은 욕구가 있다. 결국 듣기 좋은 말을 싫어할 사람은 없다. 가장 좋은 방법은 상대의 관점에서 생각을 나누는 것이다.

Talk point 8

상대의 관점에서 대화하기

1. 상대의 말을 잘 듣는다

경청하는 자세는 상대의 표현 욕구를 만족시키고 나에 대해서도 좋은 인상을 남길 수 있다. "아, 그렇군요"와 같은 말로 동감을 표시하며 더 자세한 설명을 유도해보라. 그러면 그 사람은 분명히 좋은 친구를 만났다고 생각하게 될 것이다.

2. 논쟁을 피한다

상대의 말에 동의할 수 없더라도 반박을 피하도록 한다. 대부분의 일은 논쟁을 한다고 해서 뚜렷한 해법이 나오는 것도 아니다. 반박할수록 상대의 화만 돋워서 결국 서로 좋지 않은 기분으로 헤어질 수 있다. 심지어는 이로 인해 서로의 관계가 끊어질 수도 있다.

3. 상대를 칭찬한다

앞서 말한 대로 칭찬은 '털의 결대로 쓰다듬는 것'과 같다. 그렇다면 무엇을 칭찬할 것인가? 견해나 재능, 가정의 경사 등 상대가 자랑스럽게 여기는 부분을 칭찬해보자. 이러한 방법은 대화를 이끌 때 적은 노력으로도 큰 효과를 얻을 수 있다.

4. 내 의견으로 유도한다

'털의 결대로 쓰다듬는 노력'에 숨은 목적을 이루려면 바로 이 최후의 단계가 필요하다. 즉, 상대를 '만족'시킨 다음에 비로소 자신의 의견을 드러내는 것이다. 내 의견을 드러낼 때도 '털의 결대로 쓰다듬는 원칙'은 그대로 적용된다. "당신의 입장을 충분히 이해합니다. 그렇지만…"과 같이 상대에 대한 동감을 표현한 다음에 내 의견이 관철되도록 유도해보자.

서두르지 말고 상황을 확실히 파악하자

인간관계에서 비판은 여느 면에서 칭찬과 마찬가지로 상대를 격려하는 역할을 한다. 그러나 비판에는 칭찬과는 다른 목적이 있다. 즉, 상대의 부정확한 행동을 교정하거나 비슷한 문제가 다시 발생하는 것을 예방하기 위함이다.

비판의 최종 목적은 상대가 자신의 잘못을 알고 고치게 만들어 올바른 길로 이끄는 것이다. 합리적인 비판은 쉽지 않다. 그래서 우리는 잘못을 분별하고 인식하는 능력을 키워야 한다. 또한, 비판의 기술을 연구하고 익혀 그 효과를 높여야 한다.

사람은 누구나 실수를 한다. 잘못을 저지른 친구에게 합리적인 비판이나 조언을 하는 것은 당연한 일이지만 말처럼 쉽지는 않다. 합리적인 비판을 위해 무엇보다 선행돼야 하는 것은 바로 상대가 어떤 상황에서 저지른 실수인지 정확하게 진상을 파악하는 것이다. '아니 땐 굴뚝에 연기 날까'라는 말이 있지만, 어림짐작으로만 다른 사람을 비판해서는 안 된다. 어떠한 방식의 비판이든 반드시 지켜야 하는 중요한 원칙이다.

문제는 사람들이 합리적으로 비판하는 법을 잘 알지 못하는 데 있다. 비판의 기술이 부족하면 상대는 쉽게 받아들이지 못한다. 섣불리 나서서 잘 알지도 못하는 일에 대해 평가하고 비판한다면 상대의 오해만 부를 뿐이다.

> 공자의 한 제자가 솥에 죽을 끓이던 중 이물질을 발견했다.
> 그는 서둘러 숟가락으로 이물질이 묻은 죽을 건져내어 버리
> 려 했다. 그러나 죽 한 그릇도 쉽게 얻을 수 있는 것이 아니라
> 는 생각이 든 그는 이물질이 섞인 죽을 먹었다. 마침 공자가
> 주방에 들어오다가 이 모습을 봤다. 제자가 죽을 훔쳐 먹고
> 있다고 오해한 공자는 그를 매섭게 꾸짖었다. 나중에야 제자
> 의 설명을 듣고 진상을 알게 된 공자는 한탄하며 말했다.
> "내 눈으로 직접 본 것도 정확하지 않을 때가 있구나. 그러니
> 근거 없는 소문은 오죽하랴?"

우리는 비판하는 대상을 직접 보지 않은 경우가 많다. 그러므
로 사실을 확인하기 전에 경솔하게 결론을 내리거나 당사자를 비
판해서는 안 된다. 그런데도 편파적인 비판을 하게 되는 원인으
로는 두 가지가 있다.

하나는 근거 없는 소문 혹은 모욕적인 유언비어를 사실이라
고 믿는 것이고 다른 하나는 비판하는 사람 자체가 의심이 많고
뜬소문에 혹하는 경향이 있기 때문이다. 아래는 '도끼를 훔친 사
람'이라는 이야기다.

어느 시골의 한 남자가 도끼를 잃어버렸다. 그는 옆집 아들이 자신의 도끼를 훔쳐갔다고 생각했다. 그래서 그는 옆집 아들의 일거수일투족을 감시하기 시작했다. 의심의 눈길로 바라볼수록 옆집 아들의 모든 행동이 영락없이 도둑처럼 보였다. 그런데 얼마 지나지 않아 이 남자는 도끼를 찾게 됐다. 며칠 전에 장작을 구하러 산골짜기로 들어갔다가 흘리고 온 것이었다. 남자는 도끼를 찾은 후에 옆집 아들을 다시 살펴봤다. 이제는 그 아들이 걷는 모습, 안색, 표정, 언행 등 어느 것을 봐도 도끼를 훔쳐간 사람처럼 보이지 않았다. 그가 의심만 했지, 옆집을 찾아가 도끼를 내놓으라고 따지지 않은 것은 천만다행이었다. 그랬다면 그동안 잘 지냈던 이웃 사이에 큰 갈등이 생겼을 것이다.

우리는 근거 없는 의심으로 친구를 불신하거나 심할 경우 무의식중에 누명을 씌우기도 한다. 이러한 불행을 피하려면 사실을 제대로 파악하고자 노력하고 유언비어에 흔들리지 않도록 조심해야 한다. 비판은 상대의 잘못을 고칠 수 있는 좋은 계기가 될 수 있다. 그러나 비판의 전제 조건은 반드시 상대가 그러한 잘못을 한 사실이 있어야 한다는 점이다. 진실에 바탕을 두지 않은 비판은 비판하는 쪽이나 듣는 쪽 모두의 감정에 영향을 줄 뿐만 아니라 서로에 대한 위신, 존중 및 공감을 잃을 수도 있다.

비판하는 사람은 자신이 들은 정보, 또는 의심되는 일의 진상을 파악해 비판하는 대상이 실제로 존재한다는 것을 보장할 수 있어야 한다. 만약 이러한 노력이 불충분해 비판하는 내용이 사실과 달라진다면 상대는 비판을 수용하기 어렵다. 더군다나 비판의 근거가 소문일 뿐이라면 신빙성은 더욱 떨어진다.

그러므로 다른 사람을 비판할 때는 항상 정확함을 추구하고 책임을 분명히 하며 원인을 철저하게 조사해야 한다. 사실을 바탕으로 해야만 비판은 비로소 근거를 지니고 비판을 받는 사람도 진심으로 받아들일 수 있다.

사건의 진상을 확실히 알았더라도 잘못을 저지른 사람을 성급하게 비판하지 않는 것이 좋다. 비판하기 전에 우선 상대가 해명할 기회를 줘야 한다. 상대의 설명을 경청함으로써 그가 자신의 잘못을 깨닫고 있는지 이해할 수 있다. 이러한 상황까지 파악한다면 비판을 통해 교육적인 효과를 더욱 높일 수 있다.

물론 경청하는 과정에서 상대는 진상을 확실하게 이야기하지 않을 수도 있다. 만약 이를 당장 증명할 방법이 없다면 우선 비판을 멈추고 진상을 확실하게 조사하고 이해해야 한다. 어떤 경우에서든 다른 사람을 비판할 때는 반드시 실질적인 증거가 있어야하며 개인적인 감정이나 이해에 따라 비판해서는 안 된다.

샌드위치 전략 : 칭찬, 비판, 또다시 칭찬

미국의 유명한 사업가 메리 케이 애쉬Mary Kay Ash는 칭찬과 비판에 관해 다음과 같이 말했다. "상대를 비판하고자 할 때는 반드시 그의 장점을 먼저 언급하세요. 그리고 필요한 비판을 한 다음에 다시 장점을 언급하세요. 이것이 제가 고수해온 샌드위치 전략Sandwich technique입니다. 두 개의 칭찬 사이에 작은 비판 하나를 끼워 넣는 것이지요." 메리 케이 애쉬가 말한 샌드위치 전략은 구체적으로 다음과 같이 세 단계로 나뉜다.

1. 선의와 긍정을 표현한다

구체적인 문제를 지적하기에 앞서 상대에 대한 전체적인 긍정적 평가를 먼저 한다. 이렇게 상대의 심리적 방어선을 낮춘다.

2. 잘못을 구체적으로 지적한다

온화하고 정중한 태도로 지적하고자 하는 문제로 인한 부정적 영향과 자신의 관점을 설명한다. 이와 관련해 상대가 해명할 수 있는 시간을 주고 그의 말을 경청한다. 이때 억압적인 자세를 보이거나 상대의 발언 기회를 방해해서는 안 된다. 과정에 대한 설명은 듣지 않고 결과만 따지는 태도는 문제 해결에 아무런 도움이 되지 않는다. 비판의 목적은 상대를 공격하거나 부정하는 것이 아니다. 그가 진심으로 잘못을 인식하고 개선할 기회를 주기 위함이다. 그러므로 상대가 불만을 품은 상태에서 대화가 끝나게 해서는 안 된다.

3. 상대를 신임한다는 사실을 일깨우고 자존심을 지켜준다

이 단계는 상대가 잘못된 점을 개선하기 위한 구체적인 실천 방안을 수용하게 하는 데 효과적이다. 사람들은 누구나 비판을 받을 때 자신의 이익에 손해가 가지 않을까 걱정한다. 그러므로 비판하는 사람은 상대가 잘못한 특정한 문제를 비판하는 것이지 그의 전체적인 성과를 깎아내리려는 것이 아니라는 점을 분명히 해줘야 한다. 더불어 상대가 이룩해온 성취를 긍정적으로 평가함으로써 그의 불안과 걱정을 해소해주는 것이 중요하다. 이렇게 하면, 상대는 비판하는 사람이 전체적인 문제를 파악하고 있으며, 그 비판에 악의가 없다는 것을 이해하게 된다. 이렇게 경계의 빗장이 풀리면 비판을 쉽게 받아들일 수 있다.

> 의과대학을 졸업한 리징이 병원에 출근한 첫날이었다. 한 의사가 그에게 이렇게 말했다.
> "20호 병실 환자는 간암 말기인데 여명이 5개월밖에 남지 않았어요. 병실에 가서 환자에게 진단 결과를 전해주세요."

의욕이 넘친 리징은 20호 병실로 뛰어가 큰소리로 외쳤다.

"환자님은 5개월 밖에 못 산대요!"

그 환자는 충격을 받은 나머지 얼마 안 가 사망했다. 의사는 리징을 호되게 나무랐다. 중병에 걸린 환자들에게 사실을 그렇게 노골적으로 말하면 안 된다며, 다시 비슷한 주문을 했다.

"5호 병실 환자는 여명이 1개월 남았어요. 그 환자에게 가서 결과를 알려주세요. 내 말 잊지 말고요!"

이제 알았다는 듯 리징은 미소를 지으며 5호 병실로 들어갔다. 그러고 누워 있는 환자의 귓가에 대고 속삭였다.

"이번 달에는 누가 죽을 것인지 한번 맞춰 보실래요?"

위 이야기는 농담이지만 말솜씨의 중요성을 잘 보여주고 있다. 직장에서 동료나 상사와 함께 일하다 보면, 반드시 의견이 엇갈리는 상황이 발생한다. 바로 이때 말을 잘하는 능력은 중요한 역할을 한다.

미국의 30대 대통령 존 캘빈 쿨리지John Calvin Coolidge의 비서는 미모가 뛰어난 여성이었다. 하지만 업무를 처리하는 능력은 신통치 못해서 자주 실수를 저질렀다. 어느 날 아침, 쿨리지는 사무실로 들어서는 비서를 보며 이렇게 말했다.

"옷이 정말 예쁘네요. 당신처럼 아름다운 여성에게 아주 잘

어울리는 옷이에요. 난 당신이 아름다운 만큼 일 처리도 확실하게 할 것이라고 믿어요."

놀랍게도 그날 이후 비서의 실수는 눈에 띄게 줄어들었다. 이 사실을 알게 된 친구가 쿨리지에게 어떻게 그런 방법을 떠올렸는지 물었다. 쿨리지는 이렇게 대답했다.

"이발사는 손님 얼굴에 비누 거품을 먼저 바른 후에 면도하지. 왜 그러겠나? 면도할 때 피부가 아프지 않게 하려는 것이지."

쿨리지 대통령이 사용한 방법은 바로 메리 케이 애쉬가 말한 샌드위치 전략과 일맥상통한다. 즉, 비서에 대한 비판을 칭찬 사이에 끼워 넣은 것이다. 상대를 비판할 때 앞뒤에 긍정적인 말을 포진하면 상대의 부정적인 인식을 줄여 의견을 쉽게 받아들일 수 있게 한다. 이러한 비판은 간단명료하면서도 목적을 쉽게 달성할 수 있다.

비판하는 사람은 실수를 파악하고 고칠 기회를 주는 등대와 같은 역할을 한다. 그만큼 중요하면서도 껄끄러울 수밖에 없는 역할이다. 상대를 비판하는 과정에서 비방하는 수준으로 몰아붙여서는 안 된다. 상대를 비판할 때 부드럽고 완곡한 표현으로 이야기한다면, 문제점을 지적하면서도 자존심을 지켜줄 수 있다.

다른 사람의 잘못을 언급하는 것은 일부라도 그 사람을 부정하는 것으로 느껴질 수 있는 만큼 최대한 잘못한 부분에 집중해서 적절하게 말해야 한다. 이미 자신이 저지른 잘못으로 인해 양심의 가책을 느끼고 있을 상대를 이해하고 공감하는 표현을 먼저 해야 비로소 바람직한 방향으로 대화를 진전시킬 수 있다. 무조건 상대를 거칠게 질책하면 문제를 해결할 수 없고 비판을 받는 사람의 저항심을 불러일으킬 수 있다.

　실제로 우리 주위에는 다른 사람의 충고를 받아들이지 못하는 사람들이 많다. 하지만 소통에 능한 사람들은 충고할 때도 마치 쓴 약을 녹말질로 만든 포장지에 싸서 먹기 좋게 만들어주듯 한다. 즉, 불편할 수 있는 충고라도 듣기 좋게 해준다.

> 교장 선생님인 타오싱즈는 교정을 걷다가 한 남학생이 진흙 덩어리를 같은 반 친구에게 던지는 모습을 목격했다. 타오싱즈는 그 자리에서 진흙을 던진 남학생을 혼냈고 방과 후에 교장실로 오라고 했다. 수업을 모두 마친 후, 잔뜩 긴장한 남학생은 타오싱즈보다 먼저 교장실 앞에 와 있었다. 그 모습을 본 타오싱즈는 남학생에게 꾸지람하는 대신 사탕을 하나 줬다.
> "이건 너에게 주는 상이다. 제시간에 이곳에 왔잖니."
> 적잖이 당황해하는 남학생에게 타오싱즈는 두 번째 사탕을 꺼내줬다. 그리고 이렇게 말했다.
> "이것도 상이야. 아까 내가 말렸을 때, 너는 바로 행동을 멈췄어. 그건 네가 내 말을 존중했다는 뜻이지."

더욱 놀라는 남학생에게 타오싱즈는 세 번째 사탕을 줬다.

"내가 알아보니까 네가 진흙을 친구에게 던진 건 그 아이가 게임 규칙을 어긴 데다 여학생을 괴롭혔기 때문이라고 하더구나. 그건 네가 정직한 아이고 나쁜 사람을 혼낼 만큼 용감하다는 뜻이지. 그래서 주는 상이야."

이 말을 들은 남학생은 눈물을 흘리며 말했다.

"교장 선생님, 저를 꾸짖어주세요. 저도 제 잘못을 알고 있어요. 제가 때린 건 같은 반 친구인걸요."

타오싱즈는 이 말을 듣고 흡족해하며 웃었다. 그러더니 네 번째 사탕을 건네며 말했다.

"네 잘못을 정확히 알고 있으니 또 사탕을 상으로 줘야겠구나."

주변 동료나 친구가 잘못을 저질렀을 때 무턱대고 싸움을 벌여서는 안 된다. 민감한 사람은 자신이 실수를 저지른 것에 대해 이미 큰 공포를 느낀다. 이런 사람을 비판하는 가장 좋은 방법은 먼저 스스로 잘못을 인정하게 하는 것이다. 온화한 태도와 완곡한 말투는 상대의 심리적 갈등을 쉽게 해소하며 기꺼이 비판을 받아들이게 한다. 비판을 받는 사람은 자존심에 상처를 입을까 가장 두려워한다. 이러한 두려움을 없애는 방법 역시 먼저 칭찬한 다음에 비판하는 것이다.

힘든 사람 앞에서 잘난 체하지 말자

다른 사람과 소통하는 자리에서 자신의 성공을 이야기할 때는 장소와 대상을 분별해야 한다. 예를 들어, 힘든 사람 앞에서 자신의 성공을 이야기하는 것은 큰 잘못이다. 심신이 지친 상태인 사람에게 자기 자랑을 한다면 조롱으로 들릴 수 있다.

세상살이는 뜻대로 되지 않는다. 더욱이 사람은 누구나 불완전한 존재라서 힘든 일을 겪을 수 있다. 따라서 우리는 현재 그런 상황에 부닥친 사람을 너그럽게 품을 줄 알아야 한다.

일반적으로 힘든 사람은 누군가 자신의 고충을 들어주기를 원한다. 그러므로 이때 우리는 말을 줄이고 될 수 있는 한 상대의 이야기를 들어주며 적절한 시기에 그의 말에 진심으로 동의해야 한다. 상대를 충분히 이해한다는 느낌을 드러내면 그의 고통을 분담할 수 있다.

어느 날 샤오궈는 몇몇 친구들과 집에서 밥을 먹기로 약속했다. 그들은 모두 예전부터 친한 친구들이었다. 이날 친구들은 요즘 부쩍 우울해 하는 한 친구의 기분을 풀어주기 위해 모인 것이었다. 이 친구는 자신이 운영하던 회사를 경영 부진으로 얼마 전 문을 닫았고 아내와도 관계가 나빠져 이혼 이야기가 오가는 상황이었다. 식사 자리에서 친구들은 이미 상황을 잘 알고 있었기 때문에 사업과 관련된 이야기는 피했다. 그런데 그중에는 최근에 큰돈을 번 친구가 있었다. 술이 좀 거나해지자 그는 참지 못하고 자신이 어떻게 그처럼 성공할 수 있었는지 자랑하기 시작했다. 자신이 돈을 벌기 위해 얼마나 노력했으며 재능이 있는지 이야기했다. 이 모습을 본 샤오궈는 마음이 불편했다. 실의에 빠져 있던 친구는 고개를 숙인 채 아무 말도 하지 않고 있었다. 결국 그 친구는 이런저런 핑계를 대며 자리를 떴다. 샤오궈가 따라나서 친구를 골목 어귀까지 바래다줬다. 친구는 돈 자랑을 한 친구에게 화가 잔뜩 나 있었다. 샤오궈는 그 마음을 이해했다. 자신도 얼마 전에 사업이 잘되지 않아 어려웠을 때 높은 연봉과 비싼 집, 고급 자동차를 자랑하는 친척 때문에 힘들었던 적이 있기 때문이다.

성공했을 때 기뻐하는 것은 인지상정이다. 자신의 성공을 자랑스러워하는 일은 이상할 것이 없다. 다만 자신의 성공을 이야기할 때는 장소와 대상을 정확히 살펴야 한다.

현재 절망적인 상황에 힘들어하는 사람 앞에서 자신의 성공을 내세우지 말아야 한다. 이러한 경우도 따지지 못한다면, 자기 자랑 끝에 눈치 없는 사람이라는 소리만 들을 뿐이다. 더욱이 힘든 사람은 자기 앞에서 자기 자랑에 여념이 없는 사람을 혐오하게 될 것이다.

이러한 감정은 그들의 얼굴에 즉시 나타나지 않을 수도 있다. 어떻게 반응하든 현재 우울감에 빠진 사람들은 자신의 행동이 무력한 변명으로밖에 보이지 않으리라고 생각하기 때문이다. 대신, 느닷없이 연락을 끊거나 다른 사람에게 험담하는 것과 같이 다른 방식으로 분노를 표출할 수 있다. 이렇게 분별없는 자기 자랑은 친구를 한 명 잃거나 친구가 적으로 돌변하는 사태를 부를 수 있다.

고충을 털어놓고 싶은 사람도 대상을 잘 골라야 한다. 이를테면, 어려움에 관한 이야기를 하고 싶을 때는 적어도 같은 상황을 경험해본 사람을 찾아가는 것이 좋다. 이런 사람과는 동병상련의 감정도 공유할 수 있고 위안도 받을 수 있다.

반대로 성공담을 나누고 싶다면, 비슷한 성공을 경험한 사람을 찾아야 의기투합할 수 있다. 그렇지 않으면 작은 성공에 취해 우쭐대는 모습으로만 비칠 수 있다.

마치 목에 걸린 생선 가시처럼 성가신 일을 누군가에게 털어놓고 싶을 때도 이야기를 들어줄 상대를 잘 골라야 한다. 자칫 참을성 없는 사람으로 보일 수 있다.

자존심에 상처 주지 않고 잘못을 바로잡자

부하 직원이 실수한 것을 바로잡고자 하는 상사는 실수 자체뿐만 아니라 상황도 고려해야 한다. 그러지 않으면 아무리 온화한 비판이라도 부하 직원의 자존심에 상처를 줄 수 있고 잘못을 바로잡으려던 목적도 이루기 어렵다. 다음 두 사례를 보자.

철강 공장 관리자인 닉은 우연히 작업장에 들어서다가 몇몇 직원들이 모여 담배를 피우는 장면을 목격했다. 작업장 벽에는 분명히 금연 팻말이 걸려 있었다. 닉은 직원들을 직접 나무라지 않았다. 그는 직원들에게 다가가 담뱃갑을 꺼내어 담배를 한 개비씩 나눠주고는 다른 곳으로 가서 피우라고 말했다. 직원들은 자신들이 규정을 어겼다는 사실을 깨달았고 이후로는 금연 팻말이 붙은 곳에서 담배를 피우지 않았다.

한 매장의 매니저인 리사는 아무도 없는 계산대에서 손님이 혼자 오랫동안 기다리고 있는 모습을 봤다. 원래 계산대를 지키고 있어야 하는 직원은 매장 구석에서 다른 직원과 잡담을 하는 중이었다. 리사는 아무 말 없이 계산대로 가서 손님의 계산을 도왔다. 이 모습을 본 계산대 담당 직원은 나중에 리사를 찾아와 자신의 잘못을 인정했다. 리사는 뜻밖에 이렇게 말했다. "미안해. 내가 매장을 제대로 관리하지 못했지." 점원은 그 말을 듣고 더 크게 부끄러웠다. 이때부터 리사의 매장에서는 고객 응대에 태만한 직원을 찾아볼 수 없었다.

닉과 리사의 이야기는 모두 부하 직원의 체면에 상처를 주지 않으면서도 문제를 해결한 사례다. 부하 직원의 잘못이 있더라도 과민하게 나무랐다면 직원들은 비판을 기꺼이 받아들이지 못했을 것이다. 특히 주변에 다른 동료직원이 있는 상황이라면 더욱 창피하게 여길 것이다. 다른 직원들도 다음에 비판받을 대상자가 자신이 될까 두려운 마음이 들어 위기감이 형성된다. 이러한 분위기는 업무 성과에도 영향을 미칠 수 있다.

Talk point 9

직원을 어떻게 비판할 것인가?

1. 칭찬은 공개적으로, 비판은 개인적으로 하라
많은 사람이 체면을 중요하게 생각한다. 다른 사람이 보는 앞에서 상사로부터 지적을 받은 직원은 체면을 구겼다고 생각한다. 더 나아가 상사와 직원의 관계가 틀어질 수 있다. 공개적인 비판이 업무 개선에 더 효율적이지도 않다. 다른 사람 앞에서 창피를 당한 직원은 동료들에게 자신이 어떻게 비칠지 신경 쓰느라 정작 상사가 지적하는 내용은 귀에 들어오지 않을 수도 있다. 또한 이런 비판을 하는 상사의 이미지도 나빠진다. 단지 해당 직원과 관계만 틀어지는 것이 아니라, 이를 지켜보는 다른 직원들에게도 자기 허물은 보지 못하고 남 탓만 하는 사람으로 비칠 수 있다.

2. 조용히 직원을 도와주라

다음 사례에서 사장이 실수한 직원을 어떻게 대하고 도와줬는지 보자.

한 기업에서 대형 행사를 진행했다. 회사는 유명 전문가를 다수 초청했는데, 행사 책임자는 당일에 깜박 잊고 테이블 위에 놓을 이름표를 사무실에 두고 가져오지 않았다. 행사는 10분 후면 바로 시작될 예정이었다. 부랴부랴 비즈니스센터로 달려가 이름표를 새로 출력하려는데 사장이 다가오더니 사무실에 두고 왔던 이름표를 건네줬다. 전날 퇴근하다 책임자가 두고 간 이름표를 보고 챙겨뒀던 것이다. 사장은 웃으며 말했다.

"지금은 내가 꼭 자네 비서 같군. 다음부터는 주의하게."

그 이후로 이 직원은 같은 실수를 반복하지 않았다.

3. 스스로 반성할 여지를 남겨두라

캔버스 가득 꽃을 채우기보다 한 송이 꽃과 작은 새 한 마리를 그려 넣는 것이 더 깊은 여운과 감동을 줄 때가 있다. 시에서도 장황한 글보다 몇 마디 말이 더 큰 울림을 주기도 한다. 부하 직원들의 업무를 관리해야 하는 상사의 입장도 마찬가지다. 실수한 직원이 있다면 직접 나무라기보다 스스로 잘못을 깨우칠 수 있는 여지를 줘야 한다. 직원 스스로 사고하고 반성할 기회를 갖는다면 상사와 관계뿐만 아니라 업무 처리 능력에서도 큰 발전을 이룰 수 있다.

4. 먼저 격려하고 나중에 질책하라

부하 직원의 업무가 제 속도를 내고 있지 못하다면, 즉시 문책하는 것보다 업무 진행이 느린 이유를 확인하고 격려하는 것이 우선이다. 그 다음에 이 업무가 얼마나 중요한 것인지, 왜 좀 더 속도를 내야 하는지 설명해주는 것이 좋다. 아무런 정황이나 현재 직원의 상태를 살피지 않고 눈에 보이는 것만 두고 질책한다면 업무의 효율이나 관계 면에서 도움이 되지 않는다.

극단적으로 말하지 말자

이 세상에 변하지 않는 것은 없다. 다른 사람에 대해서든 자신에 대해서든 섣불리 단언하거나 너무 높은 기대치를 갖는 것은 위험한 일이다. 무슨 일에서든 여지를 남겨둬야 한다. 그러면 상대를 난처하게 할 일도 줄어들고 결국 나에게도 이로운 환경을 만들수 있다. 다른 사람에게 관용을 베푸는 것은 곧 자신에게 성공의 기회를 주는 것과 같다. 당장 눈에 보이는 결과만 좇아 함께 일하는 사람을 닦달한다면, 결코 장기적으로 긍정적인 성과를 거둘수 없다. 동료 또는 부하 직원과 앞으로 관계를 위해서도 바람직하지 않은 일이다.

여지를 남기지 않는 극단적인 말은 상대는 물론 자신에게도 좋지 않다. 스스로 퇴로를 막아버리는 꼴이기 때문이다. 극단적인 태도는 인간관계도 악화시킨다. 설령 사이가 좋은 친구라도 친밀한 관계가 위태로워질 수 있다. 여지를 남기지 않는 말은 컵에 물을 가득 담는 것과 같다. 물이 한 방울이라도 더 들어가면 넘쳐 버리고 만다. 또한 공기를 가득 채운 풍선과도 같아서 공기가 조금이라도 더 들어가면 바로 터지고 만다. 컵이나 풍선에서처럼 사람의 말에도 여유 공간이 있어야 변수가 발생했을 때 난처한 상황에 빠지지 않고 유연하게 대처할 수 있다.

관계의 차원에서 좀 더 생각해보자. 현재 나와 상대의 사회적 지위, 권력, 또는 재력의 차이는 언제든지 뒤집힐 수 있다. 지금 내가 상대보다 우월해 보여도 몇 년 뒤에는 어떻게 될지 모른다. 그래서 누구를 상대하든 현재 조건만 보고 무시해서는 안 된다. 여지를 준다는 것은 그러한 가능성을 열어두는 것이기도 하다. 일에서도 지금 내가 탓하는 그 사람의 실수를 어떤 이유로든 내가 저지르게 될 수도 있다. 과분하게 상대를 몰아붙이지 말자. 그 대상이 내가 될 수도 있다.

⊙ 비판의 중복은 N번의 상처가 된다

사람은 누구나 실수를 저지르기 마련이다. 부하 직원의 잘못을 틈날 때마다 끄집어내어 책망하는 상사가 있다고 해보자. 그 직원의 난처함은 말할 것도 없지만 상사의 이미지에도 좋을 것이 없다. 이미 우물에 빠진 사람에게 돌이나 던지는 사람으로 보일 뿐이다. 부하 직원이 저지른 잘못을 이미 지적하고 비판했다면, 한발 물러서 당사자가 직접 문제를 반성하고 해결할 수 있는 여지를 주자. 상사가 계속 직원의 트집을 잡고 감정을 주체하지 못한다면 회사에도 돌이킬 수 없는 손해를 입힐 수 있다.

미국의 철강왕 앤드류 카네기Andrew Carnegie는 다른 사람을 대하는 요령을 묻는 질문에 금채취를 비유해 답했다. 우리는 아주 적은 양의 금을 찾기 위해 엄청난 양의 진흙을 퍼내야 한다. 카네기는 우리가 찾는 것은 진흙이 아니라 금이라고 강조했다. 여기에서 금은 사람의 장점, 진흙은 단점으로 이해할 수 있다. 상대에게서 정작 찾아야 할 장점에 주목하지 않으면 우리 눈에는 그의 단점만 무수히 보일 수 있다는 말이다.

Talk point 10

부하 직원의 잘못을 지적할 때는 어떻게 해야 할까?

1. 태도에 주의한다

부하 직원이 잘못을 저질렀더라도 그 자리에서 난처하게 만들면 안 된다. 너무 성급하게 실수를 지적하면 작은 문제를 크게 만들 수 있다. 호된 질책을 삼가고 신중한 태도로 선을 지켜야 한다.

2. 나중에 보완한다

현명한 상사는 부하 직원의 잘못을 지적한 후에 따로 허심탄회하게 이야기를 나눌 시간을 마련한다. 이와 같은 시간을 통해 부하 직원은 질책을 받는 순간에 서운했더라도 따뜻함을 느낄 수 있다.

3. 분명하게 격려한다

부하 직원이 잘못을 수정하면 그 노력과 성과를 높이 평가하고 동료들 앞에서 칭찬해야 한다. 이러한 모습은 해당 직원에게 격려가 될 뿐 아니라 다른 동료들에게도 좋은 본보기가 된다.

4. 질책은 한 번으로 충분하다

부득이 부하 직원의 실수를 강도 높게 질책해야 할 때는 한 번에 그치도록 한다. 아무리 자신의 잘못을 인정하더라도 같은 질책이 연거푸 반복되면 부하 직원은 반성보다 반감을 품을 수 있다. 또한, 부하 직원의 자존심만 더 다치게 할 뿐이다. 상사가 관용을 베푸는 모습을 보여 부하 직원이 상사를 신임하고 열심히 업무에 전념하도록 하는 것이 중요하다.

3장 | 돌부처 마음도 녹이는
제안 솜씨 6가지

'밀어붙이기'와 '리드하기'는 다르다

의견을 밀어붙인다는 것은 딱딱하고 강제적인 방식이다. 이때 상
대는 마음이 불편한 것을 넘어 자신을 얕잡아본다고 생각해 반감
을 느낄 수 있다. 이에 반해, 누군가를 리드한다는 것은 이보다
훨씬 인간적인 접근으로 긍정적인 효과를 가져온다.

어떤 문제에 대한 논의를 제대로 시작하기도 전에 상대가 '안
된다'라는 말로 부정적인 태도를 먼저 보였다고 생각해보자. 아
무리 내 화술과 친화력이 뛰어나다고 해도 상대의 부정적인 태도
를 긍정적으로 변화시키기는 어렵다. 그래서 상대가 처음부터 긍

정적인 반응을 보일 수 있도록 해야 이후에 논쟁거리가 사라지고 상대는 내 제안을 받아들일 마음이 생긴다.

그래서 심리학자들도 가장 극복하기 힘든 장애물로 '안 된다'라는 반응을 꼽는다. 일단, 어떤 사람이 '안 된다'라고 말하면, 나중에 변수가 생기더라도 그의 자존심은 이러한 태도를 고집하려고 한다. 이처럼 '안 된다'라는 표면적인 말에 심리적인 부정까지 더해지면, 온몸으로 저항하는 지경이 된다. 반대로 '된다'라는 말로 시작하면, 심신이 긍정적으로 반응해 이후에 진행되는 대화에도 개방적인 태도를 보이게 된다. 이러한 태도는 그 사람의 생각을 변화시키고 양방의 대화를 긍정적으로 발전시키는 데 도움이 된다.

인류 사상사에 큰 발자취를 남긴 철학자로 고대 그리스의 소크라테스를 빼놓을 수 없다. 이 위대한 철학자는 다른 사람의 잘못을 봤을 때 어떻게 반응했을까? 그도 잘못을 저지른 사람을 질책했을까? 아니다. 소크라테스는 남을 질책하지 않았다. 대신, 그는 소크라테스식 대화법을 사용해 상대로부터 긍정적인 대답을 이끌어냈다. 이 대화법에서 소크라테스는 항상 상대가 동의하는 질문을 먼저 던지고 점차 자신이 정한 방향으로 유도해 상대가 계속해서 '그렇다'라고 답하게 만들었다. 그러다 보면 상대는 결국 소크라테스가 정한 결론에 도달해 있었다.

소크라테스식 대화법에 따르면, 내 의견을 관철하고 싶을 경우 상대와 의견이 어긋날 가능성이 있는 문제는 처음부터 꺼내지 않는 것이 중요하다. 우선 동의하는 지점을 찾고 이후에 양쪽이 모두 같은 목표를 추구하고 있음을 강조하며 상대의 이해를 구해야 한다. 이 과정에서 설령 양쪽의 의견이 갈리는 지점이 있더라도 이것은 방법상 문제이지 목표가 달라지는 것은 아니다. 이처럼 '밀어붙이기'가 아닌 '리드하기'의 방식을 익힐 때, 상대에게 내 의견을 효과적으로 개진하고 목표를 달성할 수 있다.

상대의 눈높이에 맞춰서 대화하자

> 6살인 조지는 어른과 이야기할 때 항상 어른의 소매를 잡아당기는 버릇이 있었다. 조지의 부모는 그러면 안 된다고 몇 번 타일러도 보고 화도 내봤지만, 버릇은 쉽게 고쳐지지 않았다. 어느 날, 조지의 부모는 아이를 데리고 오랜 친구인 로스의 집을 방문했다. 잠시 후 조지는 까치발로 서더니 엄마의 소매를 잡아당겼다. 그러고는 테이블 위의 음식을 가리키며 크게 소리 질렀다.
>
> "엄마, 나 저거 먹고 싶어요!"
>
> 조지의 엄마는 난감한 얼굴로 로스를 바라봤다. 로스는 허리를 숙이고 얼굴을 가까이 대더니 조지가 가리키는 방향을 보

고 미소를 지으며 말했다.

"완두콩 페이스트가 먹고 싶은 거니?"

조지는 활짝 웃으며 고개를 끄덕였다. 이때 조지는 로스의 옷을 잡아당기지 않았다. 로스는 조지의 부모에게 말했다.

"내가 보기에 조지가 그동안 다른 사람의 소매를 잡아당겼던 건, 자기와 눈높이를 맞춰달라는 신호였던 것 같아."

조지의 사례처럼 상대와 같은 눈높이에서 바라보기만 해도 해법을 찾을 수 있는 경우가 많다. 내 자리에서 한 발 내려설 수 있는 겸손한 태도로, 자리의 높고 낮음을 따져 상대를 달리 대하는 거만함을 버리는 것은 성공적인 소통을 위한 첫 단계다. 다음 사례는 상대와 협상하는 자리에서 이러한 자세가 얼마나 중요한지 잘 보여준다.

대기업의 한 부장은 협력업체와 판매 협상을 시작했다. 협력업체에서 나온 사람들이 이런 중책을 맡기에는 너무 젊어 보인다고 생각한 부장은 대뜸 이렇게 물었다.

"책임자가 누굽니까? 지금 나오신 분들이 결정할 수 있는 문제인가요? 책임자를 부르시지요."

그중 한 젊은 사람이 침착하게 대답했다.

"제가 책임자입니다. 오늘 협의하게 되어 매우 영광으로 생각합니다. 앞으로 잘 부탁드립니다."

대기업의 부장은 머쓱함을 감출 수 없었다.

상대의 겉모습만 보고 판단해 허세만 부리지 않았더라도 위 사례의 대기업 부장은 체면을 덜 구겼을 것이다. 거만한 태도를 보이는 사람들은 자부심이 넘쳐 보이지만, 사실 그 이면에는 심한 열등감을 숨기고 있는 경우가 많다. 이렇게 오만방자한 태도를 보이는 것도 내면의 긴장과 불안을 숨기려는 목적이다. 이처럼 허약한 속내를 숨기려 겉으로 더 강한 척하는 것은 보는 이들의 경멸을 부를 뿐이다.

사람들은 사회적 지위나 직급, 부의 규모, 가정사 등 저마다 다른 조건을 갖고 있다. 그런데 이런 조건이 다른 사람보다 여유롭다고 해서 그렇지 못한 사람을 낮춰서 봐도 된다는 법은 어디에도 없다. 우월감을 뽐내거나 잘난 척해서는 안 된다.

거만한 태도는 상대에게 좋은 인상을 주지 못할 뿐만 아니라 혐오감을 불러일으키기 쉽다. 심지어 앞으로 관계가 영영 틀어질 수도 있다. 다른 사람과 소통할 때 가장 기본적인 원칙은 바로 상대를 존중하는 것이다. 상대의 생각을 이해하려 노력하되 가르치려 들면 안 된다.

내 의견을 말하기 전에
상대의 생각을 먼저 인정하자

사람들이 자기 입장을 고수하는 이유는 그것이 자기에게 유익하다고 믿기 때문이다. 그래서 새로운 제안을 선뜻 받아들이기 어렵다. 이때 가장 좋은 방법은 우선 상대의 생각에 동감을 표시하거나 아예 상대의 입장에서 발언하는 것이다. 다른 사람에게 부정당한다고 느끼게 되면, 자기 생각과 다른 의견을 받아들이는 데 반감이 더 커질 수밖에 없다. 다음 사례에서 판매원과 손님의 대화를 살펴보자.

> **판매원**　고객님, 마루 자재를 찾으시지요? 이 신제품이 요즘 제일 잘 팔린답니다.
>
> **손님**　아, 저도 알아요. 유명한 연예인이 광고하는 것이지요? 그런데 전 왜 하필 그 사람이 광고하는지 이해가 안 돼요. 요즘 해외에서 잘나가는 다른 연예인들도 있잖아요.
>
> **판매원**　아, 그렇군요. 좋은 의견이네요. 회사에서 다음 광고 모델을 찾을 때는 반드시 고객님의 의견을 참고해야겠어요.
>
> **손님**　제 의견은 분명 효과가 있을 거예요. 저번에 한 액세서리 회사 모델로도 어떤 배우를 추천해서 하게 됐는데, 그 후

에 그 배우가 주연한 영화가 대박을 터뜨렸지 뭐예요.

판매원 정말요? 대단하시네요! 저희 회사에서는 모델을 당분간 바꾸지 못하지만 댁의 마루는 한 번 바꿔보시면 어떨까요? 이 제품은 실내 공기를 쾌적하고 안전하게 지켜준답니다.

고객 그래요? 그게 어떤 기술인가요?

위 사례의 손님은 결국 판매원이 권한 바닥 자재를 구매했다. 여기에서 판매원의 대화법이 돋보이는 것은 바로 손님의 화제가 광고 모델로 흘러갔을 때 억지로 제품 이야기를 하지 않고 손님이 한 말에 공감을 표시했다는 것이다. 손님은 분명히 이 지점에서 기분이 좋아졌고 결국 자신의 이야기에 귀를 기울여준 판매원의 추천을 받아들였다. 만약 판매원이 이렇게 말했다면 어땠을까? "누가 광고를 하든지 제품은 똑같아요. 게다가 그건 회사가 결정하는 일이라서 저는 관여할 수가 없어요." 아마 고객은 민망함에 그 자리를 어서 떠나려고 했을 것이다. 이처럼 상대의 체면을 지켜줬을 때 비로소 내 목적도 효과적으로 달성할 수 있다.

다만, 사람의 성격이나 취향은 다양하므로 상대에 따라 대하는 방법을 달리 선택할 필요가 있다. 이를테면, 다른 사람의 이야기를 듣는 것을 더 편하게 여기는 사람도 있고 반면 자기 자랑할 때 더 신나는 사람이 있다. 상대에게 맞지 않게 말하면 본의 아니게 화를 부르거나 상처를 줄 수 있다. 상대를 충분히 존중하면서도 대화를 주도적으로 이끌기 위해서는 특히 다음과 같은 사항에 주의해야 한다.

상대를 존중하며 대화를 이끌기

1. 상대의 미움을 사지 않는다

상대가 나에게 비호감을 느끼기 시작하면 내 의견을 진지하게 듣지 않을 것이다. 이후에도 적대적인 태도를 유지해 내가 바라는 결과를 유도하기 힘들다. 당신이 관계를 개선하기 위해 아무리 노력해도 명확한 효과를 얻지 못할 수도 있다.

2. 성실한 태도를 보인다

미국의 25대 대통령 윌리엄 매킨리William Mckinley는 참모가 쓴 연설 원고가 마음에 들지 않더라도 결코 그를 질책하지 않았다. 대신 참모의 원고에서 실제 상황에 적합하지 않은 부분을 지적하고 그 부분을 어떻게 고쳐야 하는지 알려준 다음 원고를 다시 쓰게 했다. 대화에서 성실한 태도는 비단 아랫사람이 윗사람을 대할 때만 필요한 것은 아니다.

3. 이유를 충분히 설명하라

내 의견이 설득력이 있으려면 반드시 이유를 충분히 설명해야
한다. 이러한 설명이 이해가 된다면, 처음에 부정적인 태도인
상대라도 내 의견을 한 번 더 고려하고 받아들일 수 있다. 앞서
언급한 매킨리의 사례에서 그가 아무런 설명도 없이 연설 원고
를 채택하지 않았다면 참모는 어떤 기분이 들었을까? 우선 자
신의 원고가 받아들여지지 않은 이유를 모른 채 매킨리에 대해
서운한 감정만 쌓였거나 자괴감에 괴로웠을 것이다. 아무리 실
수나 잘못이 있더라도 합리적인 설명 없이 질책만 한다면 우리
에게 돌아오는 것은 상대의 적의뿐이다.

'양면 제시'와 '단면 제시'를
융통성 있게 활용하자

'단면 제시'란 상대를 설득할 때 자기 관점의 한 가지 측면, 혹은
자신에게 유리한 측면만을 제시하는 방법이다. 반면, '양면 제시'
는 자신에게 유리한 근거와 사실 그리고 불리한 것을 동시에 제
시한다.

이 두 가지 방법은 모두 각각 장단점을 지니고 있다. 단면 제시

는 이미 자신이 가지고 있는 관점을 집중적으로 진술하기에 간결하고 이해가 쉽다. 그러나 설득하고자 하는 대상이 심리적인 저항감을 가질 수 있다. 양면 제시는 상대에게 공평하다는 느낌을 준다는 점에서 긍정적이지만 논지가 복잡해져 상대에게 유리한 결과로 이어질 수도 있다. 다음 이야기는 단면 제시의 한 사례다.

> 어느 날 벽돌 공장의 사장은 벽돌을 운반하는 인부들을 지휘하고 있었다. 구름 한 점 없이 무더운 데다 바람도 잠잠해서 인부들은 땀을 비 오듯 흘렸다. 고생하는 인부들을 보면서 사장은 작업이 끝나면 수고비를 좀 더 얹어 줘야겠다고 생각했다. 벽돌을 옮겨 정해진 곳에 쌓는 작업까지 모두 마친 인부들은 실내로 들어와 휴식을 취했다. 인부들은 유난히 더운 날씨를 탓하며 볼멘소리를 했다. 그때 사장은 임금을 챙기며 적지 않은 웃돈을 얹어 줬다. 그러자 인부들은 어쩐 일인지 한사코 거절했다. 그중 한 명이 이렇게 말했다.
> "사장님이 임금을 더 챙겨주실 줄 알았다면 우리는 좀 더 일찍 일을 마쳤을 겁니다. 벽돌도 더 깔끔하게 쌓을 수 있었고요. 그러니 저희는 돈을 더 받을 수 없습니다."

벽돌을 나른 인부의 말처럼 상대로부터 더 나은 서비스나 협력 관계를 원한다면, 사전에 그에 합당한 보상 조건을 먼저 얘기

해줘야 한다. 즉, 단면 제시를 적절하게 활용하면 함께 일하는 사람들의 적극적인 참여를 더욱 장려할 수 있고 자신의 목적도 달성할 수 있다.

그런데 사람들은 반대의 경우를 경고하는 경우가 많다. 예를 들어, 일이 제때 끝나지 않으면 돌아갈 불이익을 제시하는 것이다. 이런 방식이 상대의 심리를 압박해 일을 더 열심히 하는 동력이 될 수도 있겠지만 이 모든 과정을 피동적이게 한다. 상대는 일 자체에 몰입하기보다 실패로 인한 불이익을 모면하는 것에 더 관심이 쏠릴 것이기 때문이다.

이러한 단면 제시 방법은 비즈니스 관계에 유용하다. 예를 들어, 상사는 부하 직원들에게 다음과 같이 말할 수 있다. "만약 이번 업무를 성공적으로 마치면 후한 보너스를 주겠습니다." 반면, 부하 직원은 상사에게 이렇게 말할 수 있다. "월급을 올려주시면 더 열심히 하겠습니다." 물품을 공급하는 업체에는 이렇게 제안할 수 있을 것이다. "단가를 좀 더 내려주시면, 저희가 구매량을 늘릴 수 있을 것 같습니다." 단면 제시를 융통성 있게 활용하면 서로에게 득이 되는 방향을 찾을 수 있다.

그런가 하면, 제품 광고에서는 양면 제시 방법이 자주 사용된다. 즉, 제품의 우수한 점과 부족한 점을 동시에 제시하며 단점보다 큰 장점을 부각하는 전략이다. 다음 두 사례를 보자.

심리학자들이 한 가지 실험을 했다. 판매원인 샤오왕에게는 손님에게 자사 제품의 장점과 타사 제품의 단점만 이야기하게 했다. 또 다른 판매원인 장에게는 자사 제품의 장점과 타사의 경쟁 제품의 장점을 함께 이야기하고 종합적으로 자사 제품을 선택하는 것이 더 나은 이유를 제시하게 했다. 그 결과 더 높은 판매 실적을 보인 쪽은 장이었다.

1988년에 미국 보잉사의 비행기가 폭발하는 사고가 있었다. 그러나 단 한 명의 사상자도 나오지 않았다. 회사 입장에서 이러한 대형 사고는 숨기고 싶은 일이게 마련인데, 보잉사는 이 위기를 정면으로 돌파했다. 정확한 데이터를 제시하며 이 사고를 광고 소재로 활용한 것이다.

"당시 사고의 원인은 비행기가 너무 낡았고 금속의 피로도가 극에 달했기 때문입니다. 해당 항공편의 비행시간은 이미 20년이 넘었고 이착륙을 9만 번이나 했습니다. 안전계수를 크게 초월한 이러한 수치를 기록하면서도 해당 항공편은 고객을 편안하게 모셨습니다. 그런데도 보잉사 비행기의 품질을 믿지 못하시겠습니까?"

보잉사는 이 광고로 경쟁사들보다 자칫 불리해질 수 있었던 국면을 성공적으로 전환시켰다.

첫 번째 사례에서 샤오왕은 단면 제시를 했고 장은 양면 제시를 했다. 두 번째 사례에서 보잉사는 양면 제시 방법을 광고에 적용해 대형 사고의 위기를 기회로 활용했다.

이처럼 전략적인 접근은 다양한 자리에서 적용해볼 수 있다. 일대일 대화는 물론이고 다수의 청중을 대상으로 한 강연에서도 내 관점을 설득력 있게 전달하려면 장점만 열거하는 것보다 장단점을 좀 더 전략적으로 제시해 장점이 더 돋보이게 하는 것이 좋다. 너무 내 의견만 일방적으로 강조하면 듣는 사람의 방어 심리만 강화될 뿐이다.

융통성 있는 접근은 설령 누군가 내 의견에 강력한 의문을 제기하더라도 이미 내 관점이 지닌 단점도 언급했으므로 더 유연하게 대처할 수 있다. 즉, 상대가 아주 강력한 반증을 제시하더라도 내 설득력이 완전히 헛되지 않게 방어할 수 있는 것이 양면 제시 방법의 특징이다.

○
다른 사람의 입을 빌려 내 생각을 말하자

다른 사람의 입을 빌려 자기 생각을 이야기하는 것도 중요한 기술이다. 이를테면, 다른 사람의 입을 거쳐 칭찬하면 아첨으로 들리지 않는다. 위험한 말도 다른 사람의 입으로 전해지면 내 처신의 여지가 생긴다. 직접 대면하기 껄끄러운 일이 있다면, 제삼자를 통할 경우 자연스럽게 갈등을 해소하는 데 도움이 될 수 있다. '철혈 재상'이라 불리는 독일의 오토 폰 비스마르크Otto von Bismarck 또한 이러한 방법으로 정계에서 적대시했던 의원을 자기 사람으로 만들었다.

> 비스마르크는 당시 그의 정적과 잘 지내기 위해 항상 예의를 갖춰 대했다. 그러나 상대 의원은 비스마르크가 겉치레로 예의를 갖추는 것으로 생각하고 시종일관 경계를 늦추지 않았다. 비스마르크는 전략을 바꿨다. 의도적으로 다른 사람들 앞에서 늘 그 의원을 칭찬하기 시작했다. 비스마르크는 자신의 말이 어떻게든 상대 의원의 귀에 들어갈 것이고 시간이 흐르면 상대 의원도 곧 자신을 신뢰할 거로 생각했다. 그의 예상대로 상대 의원은 비스마르크가 어디서나 자신을 칭찬한다는 소문을 듣게 됐다. 결국 그는 비스마르크에 대한 적의를 거뒀다.

이러한 방법으로 접근할 때는 내 말을 듣고 칭찬을 당사자에게 전할 제삼자의 역할이 중요하다. 제삼자가 신뢰할 수 있을 만큼 그와 가까워야 하고 내 말을 있는 그대로 전달할 수 있어야 하기 때문이다. 그러나 칭찬하고자 하는 사람과 밀접한 사람이라고 해서 칭찬의 말을 전달할 기회가 항상 있지는 않기에 여러 사람에게 이야기하는 것이 좋다. 그래야 단 몇 명이라도 메신저의 역할을 분명히 할 수 있을 것이다.

> 어느 날, 부동산 회사의 영업직원은 한 학자 집을 방문했다. 직원은 학자가 집필한 책을 지참했다. 학자와 인사를 나눈 후 직원은 가져온 책을 꺼내며 이렇게 말했다.
> "만나 뵙게 돼서 정말 기쁩니다. 제 국장님이 선생님과 친구 사이라고 들었습니다. 국장님으로부터 교수님에 대한 좋은 말씀을 많이 들었습니다. 선생님을 뵈면 이 책에 서명을 받아 오라고 제게 신신당부하셨습니다."
> 학자는 흔쾌히 서명했고 직원에게도 호감을 느끼게 됐다.

위 사례에서 영업직원이 의도했던 것은 학자의 체면을 세워 마음을 여는 것이었다. 이때 자신이 존경한다고 직접 말하는 것보다 학자와 친분이 있는 상사의 입을 빌려 말하는 것이 훨씬 자연스럽고 학자에게도 부담스럽지 않은 접근이다.

칭찬 이외에 반대 의견을 제시할 때도 효과적이다. 예를 들어, "저희 과장님이 이 일은 하지 말라고 지시하셨습니다"라고 하거나 "회사 규정에 어긋나기 때문에 제가 해드릴 수 없습니다"라고 말하는 식이다. 단, 상대의 말이 끝나기 무섭게 이렇게 반응하는 것은 좋지 않다. 즉시 대답하기보다 끝까지 상대의 말을 잘 듣고 심사숙고하는 모습을 보여야 한다. 또 다른 방법은 먼저 상대의 의견에 동의한 다음 다른 의견을 제안하는 것이다. 상대의 의견을 다 듣고 나서 쌍방의 일치하는 관점을 통해 상대의 의견에 긍정과 칭찬을 드러낸 다음 자신의 다른 의견을 말한다. 긍정하는 부분, 반대하는 부분을 각각 객관적으로 비교하면 상대도 반대되는 의견을 받아들이기 쉽다.

상사에게 제안할 때는 상황을 살피자

상사에게 자신의 의견을 전달해야 할 때는 어떻게 해야 할까? 우선 무턱대고 돌진하지 말라는 원칙을 명심해야 한다. 이러한 태도는 상사를 난처하게 만들 수 있다.

> 활발하고 용감한 성격의 리나는 한 기업에 입사해 프로젝트를 관리하는 일을 맡게 됐다. 적극적이고 어학 능력도 뛰어난 리나는 해외 정보를 직접 찾아 번역하는 수고도 마다치 않았다. 리나는 입사한 지 얼마 되지 않아 탁월한 업무 능력을 인정받았다. 어느 날 리나가 일하는 부서의 부장은 새로운 프로젝트 아이디어가 있는지 물었다. 리나가 제안한 내용은 회사 회의 때 직원 건의 사항으로 자주 언급됐다. 그러던 중 회사

의 주력 상품이 출시된 지 10주년이 됐다. 마케팅 회의에서 리나는 10주년 기념으로 주력 상품의 특별 한정판을 개발해 대대적으로 홍보하는 안을 제시했다. 회사의 내부 사정상 쉽지 않은 제안이었기 때문에, 다른 직원들은 침묵하며 부장의 의견을 기다렸다. 부장은 잠시 생각하더니 수많은 부서가 협조해야 하는 어려움을 언급했다. 그러자 리나는 이미 업무 분배 방안도 계획을 세워 놓았다며 구체적인 업무 분장과 일정, 인원 배치 등을 늘어놓기 시작했다. 아직 리나가 파악하지 못한 회사 사정을 말하지도 못하고 열정이 넘치는 리나의 말을 막지도 못한 채 부장은 난처한 표정을 지었다.

위 사례에서 리나의 적극적인 업무 태도와 책임감은 당연히 칭찬받아 마땅하지만 방법 면에서 재고해봐야 할 것이 있다. 아무리 스스로 열심히 했다고 해도 아직 신입사원으로서 회사의 사정을 다 알 수는 없다. 더군다나 회사의 모든 조직을 자신의 아이디어 하나로 움직이게 할 수는 없는 일이다. 자신감을 갖고 의견을 말하는 것은 좋지만, 자신의 말만 하기 전에 다른 동료와 상사의 의견에 귀를 기울이는 자세를 보여야 한다. 위 사례에서도 리나가 너무 독주하다 부장을 공개적인 자리에서 난처하게 만드는 상황이 연출되고 말았다.

상사에게 제안할 때는
어떤 점을 주의해야 할까?

1. 적절한 때를 선택하라

아무리 모든 준비가 완료됐더라도 제안을 들을 당사자인 상사의 상태가 좋지 않다면 제안하기에 좋은 때가 아니다. 한 부서 또는 회사의 책임자로서 그들이 짊어지고 있는 책임감의 무게는 부하 직원이 쉽게 가늠할 수 있는 것이 아니다. 상사의 감정이나 상황을 파악해 그가 편안하게 들을 수 있는 때를 찾는 것이 중요하다.

2. 말하는 방식과 태도에 주의한다

상사 앞에서는 항상 겸손한 태도를 유지하는 것이 좋다. 또한, 아무리 자신감 넘치는 제안이더라도 정중하게 표현하는 것이 좋다. 제안하는 동안 상사의 의견을 함께 묻는 방법도 바람직하다.

3. 상사의 체면을 존중하라

상사가 부하 직원에게 공손한 태도를 보일수록 부하 직원은 더 언행에 조심해야 한다. 상사가 편안하게 대한다고 해서 그의 지위와 체면을 존중하지 않아도 된다는 의미는 아니다. 특히 상사의 업무 전략이나 방침에 대해 반대 의견을 제시하는 경우에는 더욱 상사가 난처한 상황이 되지 않도록 주의한다.

4. 다양한 방식으로 제안하라

상사에게 잘못된 부분을 지적하는 상황이더라도 결정을 내리는 것은 상사의 몫이므로 섣불리 나서지 않도록 한다. 의견을 단도직입적으로 말하는 것보다 상사의 생각을 파악하고 자신의 의견에 귀를 기울이도록 유도하는 등 다각적인 전략이 필요하다. 이와 관련해 데일 카네기는 이렇게 말했다. "당신은 제안만 하고 상사가 결론을 내리게 하라. 리더가 당신의 제안이 자신에게서 비롯된 것으로 생각하게 하라. 그러는 편이 더 현명하지 않은가?" 다른 사람의 제안보다 자신이 내린 결론을 더 믿는 경향이 있다는 점을 고려할 때 이러한 조언은 일리가 있다.

5. 정확하게, 빠르게, 단호하게!

의견을 제안하기 전에 반드시 계획을 전체적으로 살피고 문제해결 대책을 세워서 상사가 원하는 결과를 도출할 수 있도록 해야 한다. 또한 실행 과정에서의 정확성, 신속성, 효율성을 확보하고 상사가 반대할 수 있는 부분을 점검해 대응 전략을 생각해

뒤야 한다. 상사가 문제를 제기할 때 말문이 막혀서는 안 된다.

6. 자신의 방안에 충분한 자신감을 가져라

상사에게 의견을 제시할 때는 자신감을 보여야 한다. 자신의 방안에 자신감을 가지고 다양한 각도에서 실행 가능성을 고찰해야 한다. 예를 들어 인터넷을 검색하거나 동료와 연구하거나 경험이 있는 사람에게 가르침을 구하는 것 등이다. 자신의 방안을 조금씩 완벽하게 만들어 가면 자신감도 효과적으로 높아질 것이다. 스스로 자신감이 충만할 때 상사는 비로소 내 의견을 채택할 것이다.

7. 자신의 의견이 채택되지 않더라도 실망하지 마라

자신의 의견이 채택되지 않았다고 해서 실망해서는 안 된다. 어차피 회사 내에서 논의되는 의견은 대부분 채택되지 않는다. 먼저 낸 의견에서 보완할 점이 있다면 완벽하게 수정 보완해 다시 때를 기다려 보는 것이 좋다. 그 사이 이처럼 적극적인 태도는 상사의 눈에 띨 것이므로 부족한 점만 제대로 보완된다면 의견이 채택될 가능성은 더 커진다.

3부

원하는 것을
얻어내는 말솜씨

1장 | 적당히 거리를 두면
더 효과적인 말

○

원망받는 열성 중재 VS 원만한 화해 중재

두 사람 사이에 말다툼이 벌어지면 시시비비를 가리는 논쟁이 쉽게 멈출 기미를 보이지 않는다. 그러면 대개 중재자를 자처하는 사람이 나서서 사태를 수습하려 하지만 이 중재자는 양쪽 모두에게 원망만 듣게 되는 경우가 많다. 왜 그럴까?

1. 갈등의 격화

중재자로 나선 제삼자가 어느 한쪽을 편드는 모습을 보이면 갈등은 더욱 심해진다. 이러한 태도는 그렇지 않아도 부정적인 당사자들의 감정에 불을 붙이는 꼴이다. 더욱이 이들의 불만은 제삼자에게도 옮겨붙어 화풀이 대상이 되고 만다.

2. 성급한 화해의 시도

뒤늦게 나선 중재자가 성급하게 화해시키는 데만 급급해하면 곤란하다. 당사자들이 서로 품고 있는 감정의 골이 얼마나 깊은지 그동안 어떤 일이 있었는지 알 수 없으므로 인내를 갖고 참을성 있게 지켜보는 자세가 필요하다. 성급한 자세는 효과도 없을 뿐더러 갈등이 깊어지는 요인이 되기도 한다.

3. 형식적인 조정

중재자가 독단적으로 형식적인 태도를 보인다면 이미 감정이 상해 있는 당사자들에게 어떤 감흥도 주지 못한다.

4. 공허한 설교

중재자는 갈등을 겪는 당사자들보다 더 유식해서 그 위치에 있는 것이 아니다. 그런데도 지나치게 공허하고 의미 없는 말을 훈계조로 늘어놓는다면 혐오감만 줄 뿐이다.

5. 비정상적인 비판

중재자의 비판적인 태도가 공평하지 않거나 실속이 없을 때도 갈등을 악화시킬 수 있다. 갈등 조정을 통해 당사자들의 태도를 변화시키고자 할 때는 공정한 태도로 비판해야 한다. 또한, 상황을 너무 단순화해 비판하는 것도 삼가야 한다.

6. 장소를 가리지 않는 경우

갈등의 당사자들에게 잘못된 부분을 지적하거나 설득할 내용이 있다면, 중재자는 이러한 내용을 말할 때 반드시 장소를 가려야 한다. 당사자들의 입장을 생각하지 않고 아무 데서나 민감한 내용을 말한다면 선의와 전혀 상반된 결과를 낳을 수 있다.

Talk point 13

어떻게 상황을 원만하게 수습할 수 있을까?

1. 중재의 원칙

① 맹목적이지 않은 화해

관계를 효과적으로 중재하려면 요점을 정확히 말해야 한다. 그렇지 않으면 양쪽 당사자들의 반감만 더 커질 수 있다. 중재자는 상황을 각 당사자 입장에서 면밀하게 파악해 서로에게 진정성 있는 화해의 말을 전할 수 있도록 도와야 한다.

② 사실에 초점을 두고 자기반성을 유도한다

중재자는 어느 한쪽 편에 치우치지 않은 객관적인 시각으로 사실에만 초점을 두고 확실히 설명하되 자신의 평가를 덧붙여서는 안 된다. 사실에 근거를 둬서 양쪽 당사자들이 각자의 실수나 잘못을 반성하게 해야 한다. 이처럼 중재자는 자기반성을 통해 갈등을 해결할 수 있도록 돕는다.

③ 주로 말려야 할 대상이 누구인지 구분한다

싸움하는 당사자 가운데 더 극렬한 분위기를 조성하는 쪽이 누구인지 구분한다. 객관적인 입장을 견지하라는 것은 양쪽 당사자를 무조건 똑같이 상대하라는 의미는 아니다. 과도한 분위기를 더 조성하는 쪽이 존재할 때는 그 사람을 중심으로 말려야쉽게 싸움을 가라앉힐 수 있다.

④ 양쪽의 관점 차이를 좁혀나가고 공정하게 평가한다

양쪽 당사자가 한 치도 물러서지 않으려 할 때, 중재자는 반드시 모두의 체면을 살리고 그들의 견해에서 중요한 부분을 알아내어 관점의 차이를 좁혀갈 수 있도록 도와야 한다. 또한, 각 관점에 대해 공정하게 평가해야 한다. 그 결과 당사자들이 모두 받아들일 수 있는 총평을 제시해서 일관성 있고 깊이 있는 관점을 유도한다.

2. 마음 달래기

① 분위기를 전환한다

양쪽 당사자들의 감정이 극에 달해 일촉즉발의 상황이라면 중재자는 적당한 핑계를 대어 한쪽을 다른 장소로 불러내는 등의 방법으로 그 순간을 피하게 할 수 있다. 이렇게 물리적인 거리를 잠시 두면 당사자들은 그사이에 머리를 식히고 화를 가라앉힐 수 있다.

② 임기응변의 기지를 발휘한다

때로는 사실을 직시하는 것만이 능사가 아니다. 중재자가 임기응변의 기지를 발휘해 잠시 당사자들의 시선을 돌리는 것도 감정이 과열되는 것을 막을 수 있는 좋은 방법이다.

③ 감정적으로 접근한다

당사자들을 잘 아는 중재자는 이들이 지금까지 쌓아온 좋은 관계와 우정을 거론하며 마음을 움직여볼 수 있다. 특히, 중재자가 당사자들보다 윗사람이라면 당사자들은 중재자의 체면 때문에라도 한발 물러설 수 있을 것이다.

3. 제삼자로서 난처한 상황을 수습하기

일행 가운데 다른 사람들 사이에서 본의 아니게 말실수를 해서 어색한 상황이 발생하면 제삼자는 그들과 다른 시각에서 유연하게 분위기를 전환해줄 수 있다. 예를 들어, 그들이 처한 상황과 소재가 비슷한 농담을 재치있게 던져 경직된 분위기를 풀 수 있다면 좋다.

4. 당사자로서 난처한 상황을 수습하기

당사자로서 중요한 태도는 무엇보다 사실을 회피하지 않고 솔직하게 대응하는 것이다. 그렇게 중대한 문제가 아니라면 화제를 전환하는 방법을 사용해도 괜찮다. 이러한 방법은 자칫 격렬해질 수 있는 감정을 가라앉히는 데 도움이 된다.

난처할 때 나서서 상황을 수습하자

우리의 삶에는 갑작스러운 의외의 일이 발생한다. 이를 제대로 처리하지 못하면 가볍게는 서로가 난처한 상황에 빠지고 심각하게는 갈등과 논쟁을 불러일으킬 수 있다. 이때 우리는 말솜씨를 발휘해 난처한 상황을 원만하게 수습하고 전체적인 분위기를 더 부드럽게 바꿀 수 있다.

자주 어울려 다니는 친구나 동료가 천성적으로 논쟁을 벌이기 좋아한다면, 우리는 험악한 분위기에 휩쓸려 난감해지는 상황을 자주 겪을 것이다. 이때 제삼자로서 임기응변으로 상황을 원만하게 수습하고 당사자들의 갈등을 해소하는 데 도움을 줄 수 있다.

경극을 좋아한 자희태후慈禧太后는 공연을 보고 기분이 좋을 때면 배우들을 불러 선물을 전하곤 했다. 한 번은 자희태후가 양소루楊小樓의 연기를 보고 그를 불렀다. 자희태후는 탁자 위에 가득 차려진 음식을 가리키며 원하는 대로 가져가라 했다. 양소루는 머리를 조아리며 다른 것을 청했다.

"태후마마의 은혜에 감사드립니다. 그렇지만 이렇게 귀한 음식을 저 같은 소인은 감당할 수 없습니다. 태후마마께서는 큰 복을 지니신 분이니 '복福'자를 쓰셔서 소인에게 하사해주셨으면 합니다."

자희태후는 기뻐하며 환관에게 묵과 종이를 가져오라고 명령했다. 그리고는 붓을 들어 '복'자를 썼다. 그때 한쪽에 서 있던 왕자가 자희태후의 글자를 보고 조심스레 말했다.

"복자는 '옷 의衣'변이 아니라 '보일 시示'변이지 않은가!"

양소루 또한 속으로 글자가 틀린 것을 눈치챘으나, 어쩔 줄 모르고 있었다. 자희태후 또한 겸연쩍기는 마찬가지였다. 이때 같은 자리에 있던 대태감 이연영李蓮英이 기지를 발휘했다.

그는 허허 웃으며 이렇게 말했다.

"태후마마님의 복은 이 세상의 어떤 복보다 '점'이 하나 많군요!"

양소루는 그의 말을 즉시 받아 이렇게 보탰다.

"과연 태후마마님의 복은 천하의 복입니다. 그러니 소인이 어찌 감히 받을 수 있겠습니까!"

글자가 틀린 것에 난처했던 자희태후는 두 사람의 말을 듣고 기세를 빌어 흔쾌히 말했다.

"알겠네. 나중에 다시 써서 자네에게 하사하도록 하지."

위 사례에서 자희태후가 글자를 잘못 쓴 것을 발견한 양소루가 얼마나 난처했을지는 충분히 짐작할 수 있다. 감히 태후에게 틀렸다고 말하는 것 자체도 쉽지 않을 텐데, 자신에게 선물할 글자를 쓰는 중이었으니 더 말문이 막혔을 것이다.

반면 제삼자로서 있던 이연영은 좀 더 유연한 태도로 이 상황을 지켜볼 수 있었다. 그가 재치있는 농담으로 태후가 잘못 쓴 글자가 틀렸음을 지적할 수 있던 것은 그가 제삼자의 입장이기 때문이다. 이연영은 바로 이러한 제삼자 입장을 현명하게 이용해 양소루와 자희태후 사이에 자칫 어색할 수 있었던 분위기를 해소할 수 있었다.

설득할 땐 서로의 이익에서 출발하자

상대에게 새로운 제안을 받아들이게 하려면, 이 제안을 통해 상대가 나와 똑같은 이익을 얻을 수 있다고 기대하게 해야 한다. 양쪽 모두에게 이익이 된다고 생각하면, 상대는 이 일을 성사시키는 데 최선을 다할 것이다. 세상 사람들은 누구나 자신에게 이익이 되는 일은 지키려고 노력한다. 아래 사례에서 이러한 원칙이 어떻게 이용되고 있는지 살펴보자.

> 영국 산업혁명 시기에 발전기를 발명한 것으로 유명한 마이클 패러데이Michael Faraday는 정부의 연구 지원금을 얻기 위해 총리 윌리엄 글래드스턴William Ewart Gladstone을 찾아갔다. 패러데이는 총리 앞에서 발전기의 원형 모델을 두고 열정적으로 설명하기 시작했다. 그러나 총리는 시종일관 별 관심을 보이지 않았다. 그도 그럴 것이 과학에 문외한인 정치인이 당시 생소한 발전기 모형을 보고 미래에 이 기계가 얼마나 큰 변혁을 가져올 것인지 짐작하기는 어려웠다. 그러자 패러데이는 총리의 귀가 번쩍 뜨일 말을 했다.
> "총리님, 앞으로 이 기계가 보급된다면 세금 수입을 크게 늘릴 수 있습니다."

패러데이의 짐작대로 정부의 세금 수입이 늘 고민인 총리의
태도는 급변했다.

우리가 보통 어떤 행동을 하는 목적은 궁극적으로 자신을 위
한 것이다. 이 당연한 원칙에 비춰서 내 제안이 상대에게도 이익
이라는 점을 명확하게 설명해야 한다. 상대가 추구하는 이익을
이해하고 그 욕구를 만족시켜주는 제안을 한다면 충분히 설득력
이 있다. 따라서 내 제안이 상대에게 어떤 이득을 가져다주는지
철저히 분석하는 작업을 먼저 해야 한다.

Talk point 14

서로 이익이 된다는 것을
어떻게 설명할 수 있을까?

1. 쌍방이 얻을 수 있는 공통의 이익을 강조한다

공통적인 이익이라는 목표는 서로의 신뢰와 가까운 관계를 기
반으로 형성된다. 공통적인 목표와 이익은 나와 상대의 충돌을
완화하거나 피할 수 있게 만든다.

2. '우리'의 개념을 통한 파트너 의식을 강화한다

제안과 관련해 상대의 참여를 끌어내어 공감대를 형성할 수 있도록 한다. 상대에게 의견을 말할 때, "저는 이렇게 해야 한다고 생각해요"라는 말보다 "이렇게 하는 게 좋지 않을까요?"라고 물으며 해법을 함께 찾아가고 있다는 점을 강조한다. '우리'의 개념으로 다가서면 서로의 심리적 거리를 좁혀 원하는 바를 순조롭게 얻을 수 있다.

상대의 사고 맥락에 따라 설득하자

데일 카네기는 다음과 같이 말했다. "당신이 바나나와 샌드위치를 아무리 좋아한다고 한들 이것으로 물고기를 잡을 수는 없다. 물고기가 바나나와 샌드위치를 좋아하지 않기 때문이다. 물고기를 잡으려면 반드시 미끼를 사용해야 한다."

말을 잘하는 사람은 상대의 기호를 고려해 설득한다. 그래야 상대는 존중받고 있다고 느낀다. 다만, 상대의 기호에 맞출 때는 이러한 노력이 너무 노골적으로 드러나지 않아야 한다.

사람은 저마다 흥미를 느끼는 대상이 다르다. 농구를 좋아하는 사람, 군대와 관련된 이야기를 좋아하는 사람, 음악을 좋아하는 사람, 연예계의 가십에 흥미를 느끼는 사람, 서예와 회화에 관심을 가지는 사람, 요리와 음식을 좋아하는 사람, 신비한 현상에 흥미를 느끼는 사람 등 모두 자신만의 흥미와 기호를 지니고 있다. 이처럼 다양한 흥미를 가진 사람들을 설득할 때는 이들의 관심사를 분석하고 사고 맥락에 따라 설득해야 한다.

초나라 장왕莊王에게는 매우 아끼는 말이 있었다. 장왕은 그 말을 매우 사랑해 화려한 옷을 입히고 웅장한 마구간에서 키우며 가장 좋은 사료만 먹였다. 그 결과 말은 살이 너무 쪄서 죽고 말았다. 장왕은 매우 비통해하며 명령했다.

"말에게 사대부의 격식에 준하는 장례를 치르라!"

모두 그것은 너무 과한 조치라는 간언을 왕에게 올렸으나, 장왕은 명령을 듣지 않으면 목을 치겠다며 엄포를 놓았다. 우맹優孟은 이 일을 전해 듣고 황궁으로 들어갔다. 그는 장왕을 보자마자 대성통곡했다. 이를 기이하게 여긴 장왕이 이유를 묻자 우맹은 이렇게 대답했다.

"황제께서 가장 아끼시는 말이 죽었으니 당연히 성대한 장례를 치러야지요. 우리 초나라의 백성이 모두 부유한데 어찌 성대한 장례를 치르지 않을 수 있겠습니까! 그런데 사대부의 장례라니요. 소인은 사대부의 장례보다 군주의 장례로 모셔야 한다고 생각합니다."

장왕은 그 말을 듣고 기뻐하며 말했다.

"그럼 어찌해야 할꼬?"

우맹은 이렇게 답했다.

"옥으로 관을 짜고 무늬를 넣은 오동나무로 관의 틀을 만들고 병사들을 대동해서 무덤을 꾸미게 하고 백성을 징용해서 무덤의 흙을 덮게 해야지요. 말의 시체를 묘지로 보낼 때는 제나라, 조나라의 사절을 맨 앞에 제사장으로 세우고 한나라, 위나라의 사절은 뒤에 호위로 세워야 합니다. 말을 위해 사당을 세우고 예로써 큰 제사를 지내며 지방 군관이 지키는 읍으로 봉해야 합니다. 그래야만 제후의 각 나라가 말이 얼마나 귀하고 사람이 비천한지 잘 알게 될 것입니다."

우맹의 말을 들은 장왕은 자신이 잘못 생각했음을 깨닫고 사대부의 장례를 치러주라던 명령을 거뒀다.

말의 장례를 치러주려던 장왕의 생각은 매우 터무니없었다. 그러나 이를 정면에서 충고하면 좋은 효과를 얻지 못할 것이 분명했다. 자칫하면 목숨을 잃을 수도 있었다. 그래서 우맹은 장왕의 황당무계한 사고의 맥락을 따라 장왕이 합리적이라고 생각하는 일을 극도로 과장함으로써 자신의 행동이 터무니없다는 사실을 스스로 깨닫게 했다. 우맹은 이를 통해 장왕이 자신의 의견을 기꺼이 받아들이게 했다.

다른 사람을 설득할 때 상대의 사고 맥락과 논리를 따라 추리하고 결론을 끌어내면 상대는 자신의 행위가 불러올 결과를 깨달을 수 있다. 그러면 상대는 당신의 관점을 받아들이기 쉽다. 다른 사람을 설득할 때는 상대의 관점을 정면으로 반박해서는 안 된다. 사람의 사고방식은 다른 사람이 반박한다고 쉽게 바뀌는 것이 아니기 때문이다. 또한, 상대의 의견을 정면으로 부정해 난처하게 만들면 불필요한 충돌이 일어날 수 있다.

다른 사람과 대화할 때 잘 듣고 수긍하는 자세를 보이면 상대는 자신이 존중받는다고 느껴 속내를 쉽게 털어놓는 경우가 많다. 그런데 이야기를 듣고 맞장구친다고 해서 정말 그 사람이 상대의 말에 공감했다고 보장할 수는 없다. 어떤 이유로든 그런 척하는 때도 있고 일단 고개를 끄덕이고 보는 것이 그 사람의 성격일 수도 있다. 따라서 대화를 통해 내 관점을 관철하기 위해서는 이러한 성향을 파악하는 것도 중요하다.

상대를 설득하고자 한다면, 우선 그 사람의 관심사와 반응하는 방식에 따라 대화를 이끌어야 한다. 즉, 상대의 마음에 따라 유연하게 대처하는 것이 핵심이다. 단, 이러한 대처는 방법에 불과한 것이지 목적은 아니다. 이 점을 유념하면서 능숙하게 활용할 수 있다면, 상대에게 영향을 미치고 설득하고자 하는 목적을 달성할 수 있을 것이다.

화제가 민감할수록 단정 짓는 말은 피하자

민감한 대화를 할 때 단정 짓는 말을 피하는 것도 중요하다. 내 위치에서 당장 정확히 답변할 수 없는 질문을 받을 때, 완곡한 거절도 효과가 신통치 않아 상황을 우선 피해야 할 때는 단정 짓는 말은 삼가야 한다. 상대의 말에 수긍하지는 않지만, 그 사람의 체면에 상처를 주고 싶지 않을 때도 마찬가지다. 또한, 모호한 말을 함으로써 민감한 화제에서 한발 물러서거나 불필요한 다툼의 여지를 피할 수 있다.

예를 들어, 내 일 할 시간도 넉넉하지 않은데 누군가 일을 도와달라고 부탁하는 상황을 상상해보자. 이런 상황에는 아무리 돕고 싶은 마음이 들더라도 "저만 믿고 맡기세요"와 같이 단정적인 말로 수락해서는 안 된다. 설사 시간이 충분히 있다고 해도 앞으로 어떤 상황이 벌어질지 모르니 최소한 나만 믿으라는 말은 피해야 한다.

경영자가 회사의 실적과 전망을 발표하는 때도 책임지지 못할 부분에 대해 지나친 확언을 하는 것은 금물이다. 자칫 계획대로 흘러가지 않으면 회사의 신뢰성에 타격을 입을 수 있다. 이때도 유연한 표현을 쓰는 것이 좋다.

에두른 말로 상대를 반성하게 만들자

에두른 말이란 무엇인가? 이는 말하는 사람이 언어(몸짓 언어 포함), 지식, 경험, 교제 기술, 환경 등을 빌어 우회적이고 완곡한 방식으로 요점을 지적해서 상대에게 깨달음을 주는 말이다. 에두른 말은 간접적으로 상대에게 깨달음과 가르침을 줘서 최종적으로 그 사람을 설득시키는 목적이 있다. 인간관계에서 '에두른 말'을 사용하면 상대의 반감을 일으키지 않으면서 말하는 목적을 달성할 수 있다. 다음 세 가지 일화를 살펴보자.

> 조조曹操의 군대가 적벽대전에서 대패한 후 조조는 병사들을 이끌고 화용도華容道에서 달아났다. 관우關羽는 과거 조조가 자신에게 베풀었던 은혜를 생각해서 조조를 놓아줬다. 안전한 지역에 도착한 후 조조는 갑자기 비통해하며 긴 한숨을 내쉬었다. 이를 본 부하들이 의아해하며 물었다.
> "승상께서는 곤경에서 벗어나셨지 않습니까. 수많은 적군을 상대하실 때는 전혀 낙담하지 않으시더니 지금은 식량도 있고 말에게 줄 먹이도 있는데 왜 그리 비통해하십니까?"
> 그러자 조조가 말했다.
> "다름 아니라 일찍 죽은 곽가郭嘉 때문이다. 만약 그가 살아있

었다면 절대 이렇게 비참한 패배를 당하지는 않았겠지!"

그의 말을 들은 병사들은 자신을 반성하지 않을 수 없었다. 적벽대전에서의 패배는 모두에게 책임이 있었다. 조조는 부하들을 직접 질책하지는 않았지만 '에두른 말'을 사용해서 많은 사람 앞에서 이미 세상을 떠난 참모를 추억했다. 그러면서 모두를 난처한 상황으로 몰아넣지 않고도 참모들의 실책을 완곡하게 비판했다. 그렇게 조조는 비판의 목적을 쉽게 달성할 수 있었다.

아들 조식曹植의 재능이 마음에 든 조조는 조비曹丕를 폐위하고 조식을 태자로 세우려 했다. 이에 대해 가익賈翊에게 묻자 가익은 한마디도 하지 않았다. 이상히 여긴 조조가 물었다.

"자네 왜 아무 말이 없는가?"

그러자 가익이 대답했다.

"한 가지 일을 생각하고 있습니다."

조조가 다시 무슨 일을 생각하느냐 묻자 가익이 대답했다.

"원소袁紹와 유표劉表가 장자 대신 다른 아들을 태자로 세워 일어난 재난을 생각하고 있었습니다."

조조는 그의 말을 듣더니 껄껄 웃으며 즉시 가익의 말에 숨겨진 뜻을 알아챘다. 그래서 더는 조비를 폐위하려는 이야기를 꺼내지 않았다.

남조南朝 시기에 제나라 고제高帝는 당시의 서예가 왕승건王僧虔과 함께 서예를 공부하고 있었다. 한번은 고제가 갑자기 왕승건에게 물었다.

"자네와 나 둘 중 누구의 글자가 더 뛰어난가?"

왕승건은 질문에 대답하기 어려웠다. 고제의 글자가 뛰어나다고 대답하면 본심에 어긋나는 것이었고 자신의 글자가 뛰어나다고 대답하면 고제의 체면을 깎아내리는 것이었다. 자칫하면 군신 관계가 나빠질 수도 있었다. 왕승건의 답변은 영리했다.

"저의 글자는 신하 중에 가장 뛰어나고 황제의 글자는 군주 중에서 가장 뛰어납니다."

중국의 군주보다 신하의 수가 월등히 더 많으니 왕승건이 한 말의 뜻은 분명했다. 고제 또한 그 뜻을 깨닫고 웃으며 더는 그 이야기를 꺼내지 않았다.

때로는 직접적으로 말할 수 없거나 설명할 수 없는 때가 있다. 이럴 때 '에두른 말'을 사용하면 상대가 자신을 돌아보게 만들 수 있다. '에두른 말'을 사용하면 쌍방이 충돌하지 않고도 문제를 해결할 수 있고 서로의 갈등을 완화시킬 수 있다. 그런가 하면, 다음 사례와 같은 풍자에서도 에두른 표현은 위력을 발휘한다.

루쉰魯迅이 교편을 잡고 있던 시절, 한 지방 관료가 남녀 학생이 함께 수영하는 것을 금했다. 루쉰은 한 강연장에서 이 일을 해학적인 말로 비판했다.

"남녀가 유별하니 같은 장소에서 수영을 금지할 수도 있습니다. 하지만 남녀는 이미 같은 하늘 아래에 같은 공기를 호흡하고 있지요. 공기는 물보다 훨씬 잘 통하므로 이 남자의 코에서 나온 공기가 저 여자의 코로 들어가지요. 그런 다음 여자의 코에서 나와 또 다른 남자의 코로 들어갑니다. 천하를 어지럽히는 이러한 일을 피부가 닿는 것에 비할 수 있습니까? 그럴 바에야 모든 사람에게 방독면을 쓰라고 하는 편이 낫겠습니다."

그러더니 루쉰은 방독면을 쓰고 다니며 어색하게 인사하는 사람들의 모습을 흉내 냈다. 강연을 듣던 사람들은 모두 배를 붙잡고 웃었다.

루쉰의 말이 과장된 면은 있더라도 해학 넘치는 그의 에두른 표현은 관료들의 위선적인 사고를 에둘러 비판하는 데 적격이다. 이러한 표현은 가시 돋은 말로 공격하는 것은 아니니 불필요한 적을 만들 가능성도 적다.

◉ 화제를 돌려서 갈등과 충돌을 없애자

대화의 주제가 너무 민감한 방향으로 흘러 자칫 충돌이 우려될 때 화제를 잠시 돌려 분위기를 전환하는 것도 방법이다.

1988년 7월 22일, 일본의 총리 나카소네 야스히로中曾根康弘는 소련 공산당 총서기 미하일 고르바초프Mikhail Gorbachev와 함께 크렘린궁에서 회담을 진행했다. 시간이 흐를수록 회담의 열기는 고조됐다. 나카소네 총리와 고르바초프 총서기는 한 치의 양보도 없이 대적하고 있었다. 분위기가 험악해질 무렵 나카소네는 말투를 누그러뜨리고 이렇게 말했다.

"저는 도쿄대학 법학부를 졸업했습니다. 총서기님은 모스크바대학 법학과를 나오셨지요. 우리는 둘 다 법학을 전공했으니, 당연히 국제법과 조약, 연합 성명이 무엇인지 잘 이해하고 있어야 하지요."

고르바초프 총서기는 유쾌한 미소를 지으며 이렇게 답했다.

"저는 법률가가 되기에는 모자라서 정치가가 됐지요."

나카소네 총리가 꺼낸 민감한 화제를 교묘하게 비껴간 것이다.

정상 회담에서는 각국의 이익이 첨예하게 맞서기 때문에 어떤 상황이 벌어질지 예측하기 힘들다. 위 일화에서도 양국의 정상은 대립하고 있었고 회담은 교착 상태에 빠질 위험이 있었다. 그러나 고르바초프는 재치 있는 반전으로 화답하면서 긴장된 분위기를 전환했다. 이후 회담은 별 탈 없이 진행될 수 있었다.

대부분 상황에서 논쟁을 일으키는 주요 원인은 양측 의견의 본질적인 대립보다 각자 자기의 체면을 지키려는 심리 때문이다. 실제로는 그다지 대립하는 상황이 아닌데도 논쟁은 격렬해질 수 있다. 이러한 상황에서 의도적으로 화제에서 벗어난 반전의 묘미를 준다면 서로가 숨 쉴 수 있는 공간을 만들 수 있다.

대화할 때 상대가 더는 듣고 싶지 않은 이야기를 그칠 기미를 보이지 않고 계속하면 견디기 힘들다. 이때도 화제를 전환하는 기술을 유용하게 활용할 수 있다. 그보다 더 논의해야 할 중요한 주제가 남아있다면 더욱 그렇다. 간혹 성격상 본래 주제에서 자주 벗어나거나 말을 쉽게 맺지 못하는 사람들도 있다. 한정된 시간에 해결을 봐야 할 주제가 있다면, 적절한 순간에 화제를 돌려 시간을 허비하지 않게 하는 것이 양쪽을 위해서도 좋다.

물론 화제를 돌릴 때는 상대가 자신의 말이 잘리는 느낌이 들지 않도록 세심하게 분위기를 유도해야 한다. 적절한 때에 개입해 다음과 같이 말해보자. "정말 흥미롭네요. 조만간 다시 시간을 내어서 더 자세한 이야기를 듣고 싶습니다." 그러고 나서 자연스럽게 본래 이야기로 돌아가는 것이 좋다.

때로는 선의의 거짓말이 필요하다

간혹 우리는 곤란한 문제를 눈앞에 두고서 어쩔 수 없이 거짓말을 할 때가 있다. 집안에 아주 좋지 않은 일이 일어났을 때 이미 쇠약한 집안의 최고 연장자에게 사실을 당분간 숨기는 것도 그러한 예다. 충격으로 더 좋지 않은 일이 생길까 두렵기 때문이다.

친구와 약속을 깜빡 잊어 늦게 도착했다면, 친구에게 미안한 마음에 약속을 잊었다고 말하기보다 다른 핑계를 둘러대기도 한다. 되도록 사실을 말하는 것이 좋겠지만, 때에 따라서는 선의의 거짓말을 하는 것이 듣는 상대에게 더 나을 때도 있다.

그런 의미에서 거짓말을 한마디도 못하는 것이 꼭 좋은 것만은 아니다. '물이 너무 맑으면 물고기가 살 수 없고 사람이 너무 각박하면 친구가 없다'라는 말이 있다. 잠시 보류하는 것이 나을 상황에서도 진실을 혼자만 드러낸다면 주변 사람들의 환영을 받지 못한다.

> 어느 날, 중소기업 사원인 자오밍은 동료직원 린아즈와 함께 퇴근하게 됐다. 요즘 린아즈는 사장과의 관계가 좋지 못해서 매우 울적해 하고 있었다. 함께 걷는 동안 린아즈는 사장에 대한 불만을 이야기했다. 결국 화를 참지 못하고 욕설까지 퍼

부었다. 며칠 후, 사장이 자오밍 앞에서 린아즈에 대해 수많은 단점을 사정없이 열거했다. 그러더니 자오밍에게 린아즈가 자기에 대해 나쁜 말을 한 적은 없냐고 물었다. 자오밍은 사장의 질문에 혼란스러웠다.

'도대체 어떻게 해야 하지?'

보통 거짓말은 다른 사람을 기만하는 행위로 여기지만 선의의 거짓말은 결이 다르다. 상대를 존중하고 배려하며 관계를 긍정적으로 이어가는 데 필요하다. 또한, 불필요한 걱정과 마음의 상처로부터 상대와 자신을 보호하는 방법이기도 하다.

위 사례에서 자오밍의 경우를 보자. 자오밍은 사장에게 사실대로 말해야 할까? 린아즈가 한 말을 있는 그대로 사장에게 전달한다면 어떻게 될까? 린아즈나 사장이나 감정이 격한 상태에서 상대가 없는 곳에서 한 말을 자오밍이 구태여 전달할 필요는 없을 것이다.

게다가 사실을 말한다고 해서 자오밍이 사장이나 린아즈에게 좋은 인상을 주는 것도 아니다. 그 반대다. 사장 앞에서 동료의 험담을 하는 사람, 또는 동료끼리 편하게 한 말은 상사에게 일러바치는 동료로 비치기 쉽다. 선의의 거짓말은 이 경우에 인간관계에도 좋은 영향을 줄 수 있다.

2장 | 누구와도 막힘 없이 소통하게 하는 소통 솜씨 8가지

말로만 사람을 사귈 순 없다

말을 잘하는 사람은 말투뿐만 아니라 적절한 표정과 동작을 사용해 대화를 더욱 풍성하게 한다. 말은 내재된 생각과 지혜를 드러내고 행동은 품격을 시각적으로 선명하게 보여준다. 자세와 동작을 조화롭게 사용한다면 매력을 더할 수 있다.

> 중국 여자 축구 국가대표팀의 전 코치 마량싱馬良行은 말과 몸짓으로 뜻을 효과적으로 전달하는 데 아주 뛰어난 사람이었다. 그러다 보니 어디에서든 선수들에게 지시할 때 큰소리를

치는 법이 없었다. 경기 시작 전 국가가 울려 퍼질 때면, 마량 싱은 후보 선수들과 팀 닥터, 보조 코치 등 모든 관계자를 차례로 챙기며 악수했다. 후보 선수가 출전할 때는 항상 선수 어깨에 팔을 두르고 고개를 숙여 격려하며 지시사항을 전달했다. 그런 다음 등을 가볍게 토닥이며 경기장으로 들여보냈다. 마량싱은 이러한 행동을 다음과 같이 설명했다.

"사람의 피부는 굶주려있다고 하더군요. 신체 접촉은 말로는 표현할 수 없는 의미를 전달하는 효과가 있습니다. 선수들은 부끄러움을 많이 타고 실수했을 때 눈물도 잘 흘립니다. 저는 그럴 때면 친한 친구 사이처럼 어깨를 두드리며 '알았으면 됐어. 얼른 훈련하자' 이렇게 말하지요. 그러면 선수도 금방 기운을 차립니다."

마량싱의 이러한 몸짓 언어의 효과는 성적 향상으로 증명됐다. 다양한 표정과 손짓을 포함한 몸짓 언어는 생각과 감정, 좋고 싫음은 물론이고 교양의 수준까지 생각보다 많은 정보를 전달한다. 완벽하게 구성된 몸짓 언어를 통해 우리는 품격을 갖춰 상대와 더 풍부하게 교감할 수 있다.

한 가지 예로 앉는 자세를 들어보자. 여러 사람이 함께 앉아서 대화할 때, 구석에 자리를 찾는 사람도 있고 중앙에 앉기를 좋아하는 사람도 있다. 이처럼 다른 위치를 찾아 앉는 행동만 해도 상대에게 특별한 의미로 읽힐 수 있다. 적극적인 태도를 보이고 싶다면 가장 바람직한 위치는 상대와 직접 눈을 마주칠 수 있는 위치다. 이와 더불어 앉아 있는 자세가 중요하다. 비스듬하게 한쪽으로 몸이 기울어지거나 지나치게 뒤로 젖힌 자세는 상대에게 자신을 깔본다는 느낌을 줄 수 있어서 주의해야 한다.

이번에는 앉거나 서 있을 때 다리의 자세를 생각해보자. 두 다리를 벌린 자세는 개방적인 태도와 자신감을 암시하며 상대를 받아들인다는 의미를 나타낸다. 두 다리를 모은 자세는 비교적 점잖고 엄숙한 느낌을 준다. 두 다리를 교차한 자세는 방어적인 성격과 수줍음, 소심함 또는 산만함을 의미한다. 마지막으로 다리를 꼬는 자세는 일반적으로 부정적인 기분을 통제하고 있음을 표시한다. 일부 전문가들은 다리를 꼬는 자세가 예절과 거리가 멀다고 생각한다. 그러므로 중요한 자리라면 되도록 다리를 꼬는 자세는 피하는 것이 좋다.

의견을 말하는 자리에서는 두 손의 위치에도 어느 정도 신경을 써야 한다. 가장 좋은 방법은 두 손을 자연스럽게 몸 양쪽으로 늘어뜨리는 것이다. 이 자세가 불편하게 느껴진다면 등 뒤에 두 손을 두는 것도 괜찮다. 어떤 자세든 가장 중요한 것은 자신의 감정을 안정시키는 것이다. 너무 지나치게 손의 위치에 신경 쓰는 것도 유의해야 한다.

상대의 약한 부분을 파악하자

찰언관색察言觀色이란 말이 있다. 표정과 안색을 살펴 상대의 의중을 파악한다는 뜻이다. 대화 중 상대의 표정과 안색을 살피는 것은 아주 중요하다. 찰언관색을 할 줄 모르는 것은 풍향을 모르고 배의 방향타를 잡는 것과 같다. 표정을 살피는 것에는 말투도 포함된다. 표정과 말투를 통해 우리는 상대의 내면에 품고 있는 감정은 물론이고 성격과 인품도 가늠할 수 있다. 표정과 더불어 안색을 살피는 것이 중요한 이유는 겉으로 웃는 것처럼 보여도 속으로는 울고 있는 경우가 더러 있기 때문이다.

> 저명한 작가 미시마 유키오三島由紀夫의 《부도덕 교육 강좌》라는 책에는 다음과 같은 일화가 나온다. 한 프랑스 장군이 전투에서 연이어 승리를 거두자 어떤 사람이 그의 면전에서 이를 칭송했다.
>
> "장군님은 정말 대단한 전술가십니다."
>
> 장군으로서는 뻔한 칭찬이었다. 그는 아무 말 없이 자신의 수염만 내려다봤다. 그러자 처음 말을 건넨 사람이 바로 화제를 바꿨다.
>
> "장군님, 수염이 정말 멋지십니다."

그러자 장군이 기뻐하며 되물었다.

"정말입니까?"

장군이 두 번째 말에 반응을 보인 이유에 주목할 필요가 있다. 상대의 마음을 움직이고 싶다면 다른 사람도 모두 아는 뻔한 일을 칭찬하는 것은 별 성과가 없다. 다른 사람들이 주목하지 않는 장점을 칭찬한다면 상대의 기쁨은 배가 된다. 위 사례에서 한 가지 더 주목할 것은 장군의 승리를 칭송한 사람이 장군이 신통치 않은 반응을 보이자 곧바로 화제를 전환한 순발력이다. 이처럼 발 빠르게 화제를 전환할 수 있었던 것은 그가 장군의 표정과 안색을 잘 관찰했기 때문이다.

찰언관색은 피드백 과정이다. 여기에서 피드백이란 내 말을 상대가 어떻게 받아들였는지 확인하는 것이다. 피드백의 형식은 내가 제시한 정보에 대한 상대의 질문 또는 응답, 중복되는 발언, 태도, 표정, 몸짓 등 다양하게 나타날 수 있다. 효과적인 대화를 위해서는 피드백 정보를 전략적으로 활용할 필요가 있다. 즉, 처음부터 너무 많은 정보를 상대에게 노출하는 것보다 상대가 주는 피드백에 따라 정보의 양과 방식을 조절하는 식이다. 이처럼 표정 변화와 몸짓 언어 등 피드백 정보에 주의해 상대의 의중을 파악하면 더 조화로운 대화를 이끌 수 있다.

눈빛으로 마음을 읽자

눈은 사람의 오감 기관 중 가장 예민하다. 눈빛을 통해 타인의 내면을 들여다볼 수 있는 능력은 인간만이 지니고 있다. 모든 영장류 동물 중에서 인간의 눈에만 흰자위가 존재하기 때문이다. 공막이라고도 하는 이 흰자위 덕분에 우리는 눈빛의 변화를 더 효과적으로 관찰할 수 있다.

일찍이 맹자孟子 또한 사람의 마음을 살피는 데는 눈동자보다 좋은 것이 없다고 했다. 눈동자는 악을 숨길 수 없으며, 마음이 바르지 않다면 아무리 표정으로 숨기려 한들 눈동자는 탁해 보인다. 이처럼 눈빛과 더불어 내면의 심리를 확연히 드러내는 것은 바로 시선이다. 시선의 이동, 방향, 집중도 등은 모두 각기 다른 심리 상태를 나타낸다. 구소련의 소설가 콘스탄틴 페딘Konstantin A. Fedin은 그의 소설 《최초의 기쁨》에서 다음과 같이 묘사했다. "눈은 빛을 발하고 불꽃을 뿜을 수 있다. 또한, 안개처럼 흐려질 수도 있고 모호하게 탁해지기도 한다. 눈은 끝을 알 수 없는 심연의 문을 열어준다. 불꽃과 총알처럼 기운을 내뿜으며 질문과 거절을 나타내기도 하고 정보를 주고받기도 하며 그리움을 나타낼 수도 있다."

24세의 팅쥐안은 한 광고 회사에서 기획을 맡고 있었다. 예술적 재능이 뛰어난 그녀는 입사 면접에서부터 회사 대표의 호감을 얻었다. 모두 팅쥐안의 능력을 인정하고 조만간 큰 빛을 볼 재목이라며 칭찬을 아끼지 않았지만, 그녀는 최근 자신감을 송두리째 잃어버렸다. 사정은 이러했다. 보름 전에 회사는 대형 인터넷 게임 업체의 마케팅 업무를 맡게 됐다. 회사 차원에서 중요한 프로젝트였고 팅쥐안 역시 드디어 기회가 왔다고 생각했다. 팅쥐안은 약 일주일 동안 프로젝트 추진 계획을 세우는 데 몰두했다. 드디어 대표가 소집한 회의 날이 밝았다. 사원 여럿이 각자 세운 추진 계획을 발표했는데, 대표의 표정은 밝지 않았다. 이제 팅쥐안의 차례가 됐다. 열심히 준비했지만 긴장한 탓인지 말이 제대로 나오지 않았다. 팅쥐안은 대표의 눈치를 살폈다. 대표는 한참 고개를 숙이고 팅쥐안의 계획안을 보다 고개를 들어 그녀를 바라보고 미소를 지으며 눈을 깜빡였다. 발표를 망치고 있다는 자격지심에 팅쥐안은 그러한 대표의 반응을 부정적으로 받아들였고 이후 발표는 더 엉망이 됐다. 팅쥐안의 예상대로 그녀의 방안은 채택되지 않았다. 그녀는 매우 상심했고 자신의 완벽한 이미지가 무너진 것 같은 느낌이 들었다. 그때부터 팅쥐안은 대표의 눈을 바로 보지 못하고 항상 피해 다녔다.

위 사례에서 팅쥐안은 대표의 눈빛을 제대로 이해했던 것일까? 대표의 몸짓과 눈빛은 보기에 따라 팅쥐안의 계획안을 흡족하게 여기는 표현으로도 받아들일 수 있다. 그러나 팅쥐안은 대표의 눈빛에 담긴 의미를 자신의 기분에 따라 부정적으로 해석하고 말았다. 직장에서 상사의 의중을 제대로 읽는 것은 아주 중요하다. 팅쥐안이 좀 더 객관적으로 대표의 몸짓과 표정을 해석할 수 있었다면 좀 더 자신감 있게 발표를 마칠 수 있었을 것이다.

눈빛을 통해 상대의 의중을 읽는 요령

1. 눈빛을 번득거리는 행동

어떤 사람은 시선을 정신없이 움직인다. 이해타산을 순간적으로 따지고 다른 꿍꿍이가 있는 사람들의 눈빛이 대부분 이러하다. 이런 사람들은 기품이 부족한 데다 자신의 속셈이 남에게 들킬까 전전긍긍한다. 또한, 정신적으로 불안정하기도 하다. 어느 조사에 의하면 범죄자가 자신의 죄를 인정하기 전에 보통 이러한 태도를 보인다고 한다. 속으로 계략을 꾸미거나 양심의 가책을 느끼기 때문이다.

2. 차가운 눈빛

차가운 눈빛을 보이는 사람들은 일반적으로 신중하고 의심이 많다. 이들은 주도면밀하고 일할 때도 완벽을 추구한다. 또한, 엄격하게 생활하며 농담을 함부로 하지도 않는다. 그래서 다른 사람의 미움을 좀처럼 사지 않지만, 자신의 미움을 사는 상대에 대해서는 절대 그냥 넘어가지 않는다. 차가운 눈빛을 보이는 사람은 얼핏 남에게 우호적이지 않거나 선량하지 않은 것처럼 느껴질 수 있지만 실제로 악의를 지닌 것은 아니다. 의심이 많은 성격 탓에 상대가 누구든지 자신의 열정이나 호감을 완전히 드러내지 않을 뿐이다.

3. 눈가의 잔주름

눈가의 잔주름은 진심으로 기뻐하는 표정을 지을 때 생긴다. 반면, 입가에만 보이는 미소는 겉치레에 불과한 가짜 미소일 수 있다.

4. 상대를 똑바로 바라보는 눈빛

어떤 사람이 대화하는 동안 나를 똑바로 바라본다면, 그 사람이 나와 있는 것을 편하게 여기고 자신감이 있으며 현재 대화에 깊은 관심이 있다는 것을 나타낸다. 따라서 호감을 보이고 싶은 상대와 대화할 때 눈빛을 맞추면 좋은 인상을 남길 수 있다.

5. 오랫동안 눈을 감는 행동

오랫동안 눈을 감고 시선을 차단하며 눈꺼풀을 늘어뜨리는 행동은 '나는 그 이야기를 전혀 듣고 싶지 않다'라는 의미를 암시한다.

6. 빈번한 눈 깜빡임

긴장을 많이 하거나 곤혹감을 느낄 때 사람들은 눈을 더 많이 깜빡인다. 거짓말을 하거나 심리적 압박을 크게 받을 때도 자기도 모르게 눈을 깜빡이게 된다.

7. 눈꺼풀이 처진 눈빛

눈꺼풀이 처진 모습을 보인다면, 그 사람이 상대의 이야기를 주의 깊게 듣지 않는다는 증거다. 상대의 이야기에 싫증을 느끼고 있다는 의미를 지닌 다른 동작으로는 반복적으로 손가락을 만지작거리거나 하품을 하고 시계를 자주 보는 것 등이 있다.

8. 위로 치켜뜨는 눈빛

눈을 위로 치켜뜨고 턱을 안쪽으로 당기는 행동은 아무것도 모른 척하거나 부끄러워할 때 보일 수 있다. 마치 '나는 너무 긴장해서 당신을 똑바로 볼 수 없어요. 그렇지만 당신을 계속 보고 싶어요'라고 말하는 것과 같다.

9. 멍한 눈빛

늘 혼탁하고 멍한 눈빛을 보이는 사람은 나약하고 무기력한 인상을 준다. 의지와 희망이 없거나 단호하게 결정 내릴 수 있는 패기가 부족하고 지구력이 없어 한 번 좌절했을 때 다시 일어나기 힘든 경우가 많다.

10. 눈동자를 이리저리 굴리는 경우

눈을 좌우 혹은 상하로 움직이는 것은 일반적으로 '현재 정보를 처리하고 있음'을 의미한다. 구직 활동하는 중이라면 될 수 있는 한 피해야 할 행동이다. 성의가 부족하다거나 무언가를 숨기려 한다는 오해를 받기 쉽다.

11. 가늘게 뜨는 눈

눈을 가늘게 뜨는 행동은 언짢은 기분, 압박감, 다른 사람에 대한 평가, 또는 분노를 의미한다. 상대의 말을 들으며 눈을 가늘게 뜬다면, 그 말에 대해 의심하거나 충분히 이해하지 못하고 있음을 나타낸다.

12. 크게 뜨는 눈

사람들은 어떤 사물이나 다른 사람의 이야기에 큰 흥미를 느낄 때 눈을 크게 뜨는 경향이 있다.

13. 초롱초롱 빛나는 눈빛

여러 연구에서도 감정에 따라 눈빛이 달라진다는 사실은 증명됐다. 기쁠 때는 눈빛이 빛나지만, 슬프거나 우울할 때는 눈빛도 어두워진다.

○

진정한 미소로 설득하자

미소는 비범한 힘을 갖고 있다. 미소의 부드러움은 강함을 이긴다. 미소는 교감을 돕고 분위기를 부드럽게 하며 갈등을 완화할수 있다. 미소는 성공적인 대화를 이끄는 가장 기본적인 요소다. 그래서 서비스 업계에서는 다른 어떤 배경보다도 아름다운 미소를 지을 수 있는 인재를 더 반긴다. 이처럼 상대의 마음을 움직이는 데 미소가 큰 위력을 발휘하는 만큼 보통 우리가 말을 잘한다고 평가하는 사람들 또한 미소를 잘 짓는다. 내면에서 비롯된 진정한 미소는 다른 사람을 설득하는 데 있어서 가장 효과적인 심리적 무기가 되는 셈이다.

미소를 만드는 근육은 크게 광대뼈 근육과 눈꺼풀 근육 두 가지다. 광대뼈 근육은 입을 열고 입술 끝을 올리는 역할을 하고 눈꺼풀 근육은 눈 주위의 근육을 수축시켜 주름을 만든다. 광대뼈 근육은 우리가 의식적으로 통제할 수 있다. 그래서 속으로는 기쁘지 않더라도 이 근육을 움직여 웃는 입 모양을 만들 수 있다. 하지만 눈꺼풀 근육은 의식적으로 통제할 수 없어서 가짜 미소를 지을 수 없다. 따라서 눈가에 주름이 지도록 눈꺼풀 근육이 움직여 만들어지는 미소라면 진짜 미소라고 볼 수 있다. 인관관계에 중요한 미소에도 나쁜 버릇을 보이는 경우가 있다.

Talk point 16

나쁜 버릇 어떻게 고칠 수 있을까?

1. 입을 너무 크게 벌리는 미소

입을 너무 크게 벌려 웃으면 어리숙해 보인다. 미소를 지을 때 입 크기가 적당하도록 조절해야 한다. 잇몸이 너무 과도하게 보이지 않는 정도가 적당하다.

2. 부자연스러운 억지 미소

억지 미소라는 나쁜 버릇을 고치려면 우선 근본적인 태도 문제를 해결해야 한다. 근본적인 태도가 단정하면 억지 미소는 순리적으로 해결되기 마련이다. 상대와 대화에서 성실한 태도를 보이고 여기에 진정성 있는 미소를 보탠다면 대화의 목적을 달성하는 데 큰 효과를 발휘할 수 있다.

목소리로 감정 변화를 읽자

감정은 얼굴에만 드러나는 것이 아니다. 우리의 목소리 또한 감정의 변화에 따라 달라진다. 목소리는 순간의 감정뿐만 아니라 그 사람의 성격과 인품을 암시하기도 한다. 표정이나 몸짓, 말투로 심리를 파악하기 어렵다면 목소리에 집중해 감정의 변화를 읽어보는 것도 도움이 된다. 거꾸로 다른 사람들도 목소리를 통해 내 성격이나 현재 기분을 짐작할 수 있다.

목소리가 반드시 실제 성격이나 기분을 반영한다고 볼 수는 없다. 하지만, 최소한 어떤 인상을 주는지는 다음과 같이 정리해 볼 수 있다.

1. 높고 날카로운 목소리

높고 날카로운 목소리를 내는 사람은 예민하고 감정 기복이 심한 사람으로 비칠 수 있다. 창의력이 필요한 일을 한다면 예민해 보이는 목소리가 도움될 수도 있다. 하지만 자칫 신경질적으로 보일 수 있으니 평소에 목소리가 날카롭다는 말을 자주 듣는다면 좀 더 부드러운 발성을 연습해보자.

2. 온화하고 침착한 목소리

온화하고 낮은 목소리를 내는 사람은 내향적이고 침착한 성격으로 보인다. 감정의 기복도 많지 않고 주변 상황에 예민하게 반응하지 않을 것 같은 인상도 준다. 단, 너무 침착한 어조로만 말하면 고지식하거나 완고하게 보일 수 있다.

3. 거친 목소리

거친 목소리는 개성 있고 호탕한 성격이라는 인상을 준다. 무엇이든 행동으로 바로 잘 옮기는 사람으로 보이기도 한다. 무슨 일이든 앞장서서 리더십을 발휘할 사람으로도 비친다. 다만, 꼼꼼하지 못하다거나 고집이 셀 것 같다는 선입견을 줄 수 있다.

4. 굵고 낮은 목소리

아랫배에서 끌어올린 듯한 굵은 목소리는 인심 좋고 믿음직스러운 리더의 인상을 준다. 그래서 이런 목소리를 가진 사람들은 동료 사이에서도 호감을 주는 편이다. 하지만 리더의 인상이 너무 강해서 자칫 성격이 독단적인 인상을 줄 수 있다.

손동작은 생각을 표현한다

몸짓 언어 중에서 가장 풍부하고 뛰어난 표현력을 지닌 것이 바로 손동작이다. 손동작과 관련해 실험을 진행했다. 이 실험에는 8명의 강연자가 참여했다. 이들에게 약 20분 동안 강연을 하며 손을 올리는 동작, 손을 내리는 동작, 주먹을 쥐는 동작 등 세 가지의 손동작을 취해줄 것을 주문했다. 강연자가 이러한 각각의 손동작을 보였을 때 관중들의 호감도에 어떤 차이가 나타나는지 조사했다. 그 결과, 강연 중 손을 위로 올리는 손동작을 많이 한 강연자가 가장 높은 지지를 받았다(84%). 같은 강연자가 손을 내리는 동작을 했을 때는 지지율이 하락했다(52%). 주먹을 쥔 자세를 보인 강연자에 대한 지지율이 가장 낮았다(28%). 강연자가 주먹을 쥔 경우에는 심지어 자리를 뜬 청중도 있었다.

　손동작이 사람의 기분을 반영한다는 사실은 수많은 연구를 통해 밝혀졌다. 기쁨에 넘치거나 감정이 격앙될 때 하는 몸짓을 떠올려보면 쉽게 알 수 있다. 격한 감정을 표현할 때 두 손을 가만히 두고 표정에만 변화를 주는 일은 거의 없다. 두 팔을 번쩍 들어 환호하기도 하고 주먹을 불끈 쥐어 분노를 표현하기도 한다. 그래서 어떤 사람들은 손을 가리켜 두 번째 얼굴이라고도 한다.

- **손동작을 통해 읽을 수 있는 성격상 특징을 구체적으로 살펴보면 다음과 같다.**

1. 뒷짐을 지는 사람

어떤 상사는 부하 직원 앞에서 말할 때 뒷짐을 지는 동작을 자주 한다. 이 자세는 어느 각도에서 보더라도 권위와 자신감이 느껴지게 한다. 그런데 뒷짐을 질 때 한쪽 손으로 다른 한쪽 손의 손목을 잡는다면, 이것은 좌절감이나 분노를 표현하는 것일 수 있다. 다른 쪽 손을 쥐고 있는 손의 위치가 높을수록 더 큰 좌절 또는 분노를 의미할 수 있다.

2. 손바닥을 비비는 사람

어떤 사람은 말할 때 손바닥을 비비는 모습을 보인다. 심리학 연구 결과에 따르면, 두 손바닥을 문지르는 행동은 좋은 결과를 기다리는 심리를 반영하기도 하고 초조함을 표현하기도 한다.

3. 한 손으로 턱을 괴는 사람

다른 사람의 말을 들을 때 한 손으로 턱을 괴는 사람들도 있다. 이런 행동은 상대의 관심이나 위로를 바라는 것일 수 있다. 만일 부하 직원과 대화할 때 상사가 이런 행동을 한다면, 부하 직원이 하는 말에 크게 흥미를 느끼지 못하는 것일 수 있다.

4. 손짓 발짓이 유난히 많은 사람

대화할 때, 심지어 전화하는 동안에도 유난히 손짓 발짓을 많이 하는 사람들이 있는데, 이러한 사람들은 분위기를 주도하는 경우가 많고 업무 성과도 좋은 편이다. 말솜씨도 대체로 좋다.

● **손동작이 특정한 의미가 있는 때는 다음과 같다.**

1. 엄지를 세우는 동작

엄지를 세우는 행동은 대부분 높은 자신감을 드러내는 비언어적 신호다. 엄지를 높이 치켜드는 사람은 자기 자신을 높게 평가하거나 자기 생각 혹은 현재 상황에 매우 자신감이 있다는 사실을 드러낸다.

2. 손바닥을 펼치는 동작

손바닥을 펼치는 행동은 진실함과 성실함, 충성과 복종을 의미한다. 그러므로 상대의 태도가 얼마나 솔직한 것인지 이해하려면 그의 손바닥을 보면 된다. 자신의 솔직함과 성실함을 드러내고 싶을 때 그는 한쪽 혹은 두 쪽 손바닥을 상대를 향해 펼칠 것이다. 이러한 동작은 대부분 무의식적으로 표출되기 때문에 상대의 속마음을 짐작할 때 도움이 된다.

3. 변하지 않는 손동작과 과도한 손동작

대화하는 동안 좀처럼 손동작이 없다면, 현재 대화에 큰 관심이 없거나 성격적으로 융통성이 없는 사람으로 비칠 수 있다.

말솜씨를 훈련하는 과정에서 우리는 끊임없이 적절한 손동작을 구사하도록 노력해야 한다. 말하는 상대에 따라 이야기 방법을 취하고 상황에 맞는 동작을 해야 한다. 그래야만 비로소 손동작으로 자신의 감정을 표현하는 효과를 발휘할 수 있고 말로 표현하는 내용을 더욱 심도 있게 만드는 효과가 있다.

○ 안전한 거리와 불안한 거리

'신체적 거리'는 한 사람을 둘러싼 사방을 의미하는 일종의 추상적인 범위다. 명확한 한계선을 그을 수는 없지만, 이러한 거리는 확실히 존재한다. 붐비는 지하철이나 버스 안에서 다른 사람과 거리가 일정 수준을 넘어 가까워지면 불편함을 넘어 불안감이나 불쾌감까지 느끼게 되는 것도 바로 이런 이유에서다.

한 심리학자는 넓은 열람실에 혼자 앉아 있는 사람의 옆자리에 앉는 실험을 했다. 이 실험은 80번에 걸쳐 반복적으로 진행됐다. 실험 결과, 모든 피실험자는 자리가 거의 다 비어 있는 상황에서 굳이 자신의 옆자리에 앉는 실험자를 받아들지 못하고 자리를 피했다. 이러한 행동은 마치 다른 사람과 일정한 거리를 두고 그 사이에 보이지 않는 거품을 채우는 것과 같다. 이는 자신을 위해 일정한 '영역'을 나누고 보이지 않는 '거품'을 채워 스스로 보호하려는 것과 같다. 미국의 인류학자 에드워드 홀Edward T. Hall은 이러한 인간관계의 거리를 다음과 같이 네 가지로 구분했다.

1. 친밀 거리

인간관계에서 가장 좁은 거리로 가장 짧은 거리는 15센티미터 범위 이내다. 함께 있으면 서로의 피부나 얼굴이 닿기 때문에 상대의 체온, 체취, 숨결을 확실히 느낄 수 있다. 거리가 15~44센티미터로 약간 벌어지면 손을 잡거나 어깨를 두르는 신체적인 접촉을 할 수 있다. 이러한 거리는 연인이나 절친한 친구 사이 등 아주 친밀한 관계에서만 허용된다.

2. 친구 거리

일반적인 친구 사이나 잘 아는 관계에서 가장 가까운 거리는 46~76센티미터, 가장 먼 거리는 76~122센티미터 범위다. 일반적인 상황에서는 친숙한 사람과 소통할 때 약 76센티미터의 거리를, 친숙도가 조금 떨어지는 사람의 경우에는 약 120센티미터 거리를 유지하는 편이다.

3. 사교 거리

예의를 차려야 하는 관계에서 최소 거리는 120~210센티미터, 최대 거리는 210~370센티미터 범위다. 최소 거리의 예는 일반적인 회의에서 마주 보고 소파에 앉는 경우를 상상하면 된다. 최대 거리 범위의 예로는 더 널찍한 데이블을 사이에 두고 회사 경영자와 마주 앉은 경우를 들 수 있다. 기업 대표나 국가 정상 간 협상, 취업 면접, 대학생 논문 심사 등과 같이 격식을 차려야 하는 자리에서는 큰 테이블 하나가 들어갈 정도의 거리를 유지해야 진지한 분위기가 형성된다.

4. 공적 거리

공적 거리의 최소 범위는 370~760센티미터, 최대 범위는 760센티미터 이상이다. 최소 범위는 일반적인 실내 강의실에서 강연자와 청중 사이의 거리를 예로 들 수 있다. 최대 범위의 경우는 훨씬 더 많은 수의 청중을 수용할 수 있는 개방적인 공간을 상상할 수 있다. 이러한 공간에 모인 사람들은 서로 사적인 관계가 없을 가능성이 크다. 개방적인 공간 내에서 사람들은 다른 사람을 신경 쓰지 않아도 되고 교제를 나누지 않아도 된다.

이상 네 가지 거리는 편의상 일정한 수치로 구분했지만, 각 지역의 문화적 특징이나 개인의 사회적 신분, 성격 또는 심리 상태에 따라 구체적인 거리는 얼마든지 달라질 수 있다. 예를 들어, 북미 지역 사람들은 사적인 영역에 신체를 둘러싼 약간의 공간까지 포함하지만 중동 지역 사람들은 개인의 존재를 영혼에 한정하기 때문에 북미 지역 사람들보다 상대에게 좀 더 가깝게 다가서는 경향이 있다. 만약 중동 지역 사람이 북미 지역 사람에게 관습대로 가까이 다가간다면 북미 지역 사람은 이를 지나치게 친밀한 행동으로 보고 받아들이지 못할 수 있다. 유럽 지역에서도 국가마다 차이를 보인다. 프랑스 사람들은 상대의 얼굴을 바짝 마주할 정도로 가까운 거리를 유지하는 것을 좋아하지만 영국 사람들은 너무 가까워지면 한 걸음 물러나 적당한 거리를 유지하려고 한다.

또한, 사회적 권력과 지위가 높은 사람일수록 상대와 거리를 멀리 유지하는 편이다. 고대 중국의 황제는 높은 왕좌에 앉아 신하들과 먼 거리를 유지했다. 신하들은 높은 자리에 앉은 황제 앞에서 고개를 숙여야 했고 물러날 때는 등을 보이지 않았다. 이러한 거리 유지는 오늘날에는 거의 사라졌지만, 지위가 높은 사람을 상대할 때는 친밀한 상대보다 어느 정도 거리를 유지해주는 것이 좋다.

개인적인 성격의 경우, 성격이 쾌활하고 교제를 좋아하는 사람은 상대와 가까운 거리를 유지하는 편이고 다른 사람이 자신에게 가까이 다가서는 것에 대해서도 거부감이 적다. 반면, 내성적이고 독립적인 성격의 사람은 먼저 다른 사람에게 다가가지 않는 편이다. 이들은 개인적 공간이 침해됐다고 느껴지면 초조하고 불안해한다.

다른 사람과 교제할 때 개인적 공간과 적당한 거리가 필요하다는 사실을 이해하면 각각의 교세에 가장 적합한 거리를 의식적으로 선택할 수 있다. 또한, 공간적 거리가 주는 정보를 통해 한 사람의 사회적 지위와 성격 그리고 사람들 사이의 관계성을 파악할 수 있어서 인간관계에 큰 도움이 된다.

○
적절한 시기에 입을 다물자

다른 사람과 소통에서 말을 잘하는 것도 중요하지만 말을 그칠 때를 아는 것도 중요하다. 상대의 마음을 헤아리지 않고 일방적으로 자신의 말만 이어간다면, 성공적인 대화가 될 수 없다.

> 전국 시기, 제나라 경공景公이 아끼는 말이 갑자기 죽었다. 깊은 슬픔에 빠진 경공은 마부를 죽여 한을 풀려 했다. 모든 신하는 말 한 마리 때문에 형벌을 남용해서는 안 된다고 설득했지만, 경공의 마음을 돌릴 수 없었다. 이때, 재상 안영晏嬰이 앞으로 나서 괘씸한 마부를 죽여 마땅하다고 고했다. 경공은

매우 기뻐하며 마부를 불렀고 안영에게 그의 죄목을 설명하라고 했다. 안영은 마부의 3대 죄목을 따지며 말했다.

"말을 정성으로 기르지 않아 죽게 만든 것, 이것이 너의 첫 번째 죄다. 말의 갑작스러운 죽음으로 군주의 노여움을 불러 너를 사형에 처하게 만든 것, 이것이 두 번째 죄다."

안영이 마부의 죄를 열거하는 것을 들으며 경공은 흡족해했다. 이어서 안영은 마부의 세 번째 죄목을 말했다.

"너는 이 일로 우리의 군주가 사람보다 말을 중히 여긴다는 것을 온 천하에 알렸다. 이에 사람들은 군주를 얕잡아보게 생겼으니 너는 사형을 당해 마땅하다!"

이 말을 들은 경공의 얼굴은 붉어졌다. 이때 안영이 다시 큰 소리로 외쳤다.

"거기 누구 없느냐, 군주의 뜻을 받들어 마부를 끌어내 목을 쳐라!"

경공은 서둘러 안영을 말렸다.

"재상은 화를 푸시오. 과인이 잘못했소."

안영은 경공에게 정면으로 맞서지 않으면서도 마부의 목숨을 구했다. 안영이 경공의 지위를 고려하지 않고 면전에서 할 말을 다 쏟아냈다면, 마부를 구하지도 못할뿐더러 경공과 관계도 악화됐을 것이다. 이러한 지혜는 말에만 해당하는 것은 아니다. 다음

리창의 사례는 친절도 베푸는 데 적절한 정도가 필요하다는 것을 보여준다.

> 대학을 갓 졸업한 리창李强은 광고 기획사에 취직했다. 그는 회사 동료들에게 늘 친절했고 누가 무슨 부탁을 하든 마다치 않고 최선을 다해 도왔다. 대신, 자기 일을 다른 사람에게 부탁하는 법이 없었다. 처음에는 모두 그를 좋아했는데, 어찌 된 일인지 시간이 흐를수록 멀리하는 기색이 보였다. 도움을 받고서도 그들은 기뻐하지 않았다.

리창의 문제는 친절의 방향이 너무 일방적이었다는 것이다. 지나치다 싶을 만큼 베풀기만 하고 상대가 보답할 기회를 주지 않는다면, 주변 사람들은 불편하게 여기기 시작한다. 이처럼 관계의 균형이 무너지고 혜택을 받은 쪽은 죄책감에 도피를 선택하게 된다. 사람과 사람의 마음 사이에는 일정한 공간이 필요하다. 만약 다른 사람을 도와주면서 관계를 길게 유지하고 싶다면 적절한 시기에 상대에게 보답할 기회를 줘야 한다. 그래야만 내면의 압박이 두 사람의 관계에 영향을 끼치지 않는다.

3장 | 분위기를 부드럽게 만드는
농담 솜씨 5가지

농담은 타이밍이 중요하다

상대가 하는 말에 맞춰 내 의견을 드러내는 것은 바람에 따라 돛
을 다는 것과 같다. 인간관계에서 우리는 때로 난처한 상황에 빠
지기도 하지만, 바람을 잘 타는 법을 배우면 좀 더 수월하게 곤경
에서 벗어날 수 있다.

> 미국에 유제품을 생산하는 큰 공장이 있었다. 어느 날 화가
> 머리끝까지 난 사람이 찾아와 다짜고짜 공장 책임자에게 따
> 지기 시작했다. 이 공장 제품에서 살아있는 파리가 나왔다며

천문학적인 배상금을 요구했다. 이 회사 생산 라인의 특성상 파리가 들어갈 가능성은 없었다. 공장 책임자는 이 사람의 불순한 의도가 의심됐지만, 먼저 정중하게 응대했다. 손님을 접내하는 공간으로 안내하는 동안에도 이 사람은 험한 욕설을 퍼부었다. 공장 책임자는 아랑곳하지 않고 생산 라인의 엄격한 관리를 소개했고 그래도 문제의 원인을 철저하게 파악해야 한다며 다른 직원을 불러 생산 라인 가동을 전면 중단하게 했다. 사실 이 공장의 제품에 이물질이 있다고 항의한 사람은 거짓말을 하고 있었다. 이 일을 빌미로 보상금을 타낼 꿍꿍이였다. 그런데 일이 자기 생각보다 심각하게 돌아가자 태도를 바꿨다.

"사정이 그렇게 복잡하면 그냥 됐어요. 대신 앞으로는 이런 문제가 안 생기게 주의하세요."

이내 꽁무니를 빼려는 사람을 공장 책임자는 도리어 붙잡고 말을 이어갔다.

"고객님의 의견에 정말 감사드립니다. 감사의 뜻으로 앞으로 저희 제품을 구입할 때마다 20퍼센트 할인해드리겠습니다."

이러한 대응에 감명받은 고객은 그때부터 이 회사의 제품을 주변에도 알리기 시작했다.

현명한 공장 책임자는 상대의 심리뿐만 아니라 '심리전'을 이용해 꿍꿍이를 간파했다. 게다가 고객의 생각을 포착해 앞으로 회사에 가장 효과적인 홍보대사가 되게 만들었다. 그가 사용한 전략이 바로 바람에 따라 돛을 다는 방법이다.

> 옛날, 한 도사가 황제에게 바칠 불로장생의 약을 가져왔다. 궁녀가 도사를 데리고 궁으로 들어가려는데 후궁에게 발각됐다. 호기심이 발동한 후궁은 자기에게도 보여 달라고 명령했다. 약을 본 다음 후궁은 도사에게 자신이 먹어도 되는지 묻자, 도사는 그렇다고 했다. 후궁은 그 약을 먹어버렸다. 이 일을 알고 노여워한 황제는 후궁을 죽이려 했다. 후궁은 황제 앞에 무릎을 꿇고 침착하게 말했다.
>
> "도사에게 물으니 먹어도 된다고 해서 먹었습니다. 그건 소인의 죄가 아니라 도사의 죄입니다. 게다가 제가 먹은 것은 불로장생의 약입니다. 그런데 그 약을 먹었다고 저를 죽이신다면 그 약은 목숨을 앗아가는 약이 아닙니까. 폐하께서 무고한 신첩을 죽이시면 도사가 폐하를 속인 것이 됩니다."
>
> 황제는 그 말을 듣고 후궁을 죽이지 않았다.

위 일화에서 총명한 후궁은 바람에 따라 돛을 다는 방법을 사용해 자신의 목숨을 구할 수 있었다. 황제와 대화를 나누면서 그녀는 자연스럽게 자신에게 유리한 방향으로 흐름을 유도했다. 결국 황제는 후궁의 말을 따르게 됐다. 이처럼 바람에 따라 돛을 다는 방법은 난처한 상황을 해소할 수 있다.

바람을 따라 돛을 다는 것은 현명한 방법이지만, 이를 효과적으로 활용하려면 두 가지 전제 조건이 충족돼야 한다. 우선 상대의 심리 상태를 확실히 이해해야 한다. 상대의 심리 상태는 그가 말하는 내용과 방식을 결정한다. 그러므로 이야기를 나누는 과정에서 상대의 심리 상태를 파악하는 데 주의해야 적절한 기회를 포착할 수 있다. 다음으로 상황이 흘러가는 방향을 자신에게 유리하게 이끌어야 한다. 기회는 자신이 직접 만들어야 할 때가 있다. 다른 사람과 대화할 때 상황이 흘러가는 방향에 주의하면 상대의 심리를 거스르지 않으면서 상대가 스스로 자기 입장을 누그러뜨리게 만들 수 있다. 한 걸음씩 상대를 자신의 방향으로 유도하며 바람에 따라 돛 달 준비를 하는 것이다.

○
나를 농담 소재로 삼자

가장 흔한 유머의 형태는 다른 사람을 소재로 삼는 것이지만, 이러한 유머는 자칫 잘못하면 당사자에게 상처를 줄 수 있다. 그밖에 흔히 사용되면서도 다른 사람에게 상처를 줄 가능성이 적은 유머는 바로 말하는 사람 자신을 유머의 소재로 삼는 것이다. 바로 자조自嘲다.

2차 세계대전 때, 영국의 총리 처칠은 루스벨트 대통령을 만나기 위해 미국 워싱턴을 방문했다. 물자 원조와 더불어 독일에 맞서 싸울 것을 미국에 요청하기 위해서였다. 처칠은 열렬한 환영을 받았고 백악관에 머무르게 됐다. 이른 아침, 처칠이 욕조에 몸을 담그고 커다란 시가를 피우고 있는데 갑자기 문이 열리더니 루스벨트 대통령이 들어왔다. 루스벨트는 배가 불룩 튀어나온 처칠의 모습을 보고 아무 말도 하지 못했다. 둘 다 난처한 상황에서 처칠은 시가를 끄더니 이렇게 말했다.

"보시다시피 대영제국의 총리인 저는 대통령님 앞에서 감추는 것이 하나도 없습니다."

처칠의 말에 루스벨트는 크게 웃었다. 이후에 양국의 협상은 원만하게 타결됐다.

위 일화에서 처칠의 자조는 분명히 중요한 역할을 했다. 영국의 총리로서 미국에 담판을 지으러 온 그의 발가벗은 모습은 당시 영국의 모습과도 통하는 면이 있었다. 게다가 있는 그대로 드러난 그의 나체는 미국 대통령과 허심탄회하게 논의하고자 하는 그의 마음과도 닮아 있었다. 처칠의 자조는 이처럼 현실을 절묘하게 풍자하며 미국 대통령과의 회담을 더 부드럽게 이끌 수 있는 계기가 됐다.

한 유명한 강연자는 탈모가 심했다. 그가 60번째 생일을 맞던 날, 많은 친구가 그를 축하하러 집으로 모였다. 손님들이 들어오자 그의 아내는 모자를 쓰는 것이 좋겠다고 했다. 그 말은 듣고 그는 친구들에게 이렇게 말했다.

"아내는 내게 모자를 쓰라고 권하시면 디들 대머리이 장점을 몰라서 그러는 거네. 비가 오면 제일 처음 알아차리는 사람이 바로 나거든!"

이 말은 들은 사람들은 모두 자지러지게 웃었다.

위 사례에서 남자는 자신의 약점으로 보일 수 있는 신체적 특징을 웃음으로 승화시켰다. 남편의 대머리를 신경 쓴 아내가 모자를 쓰라고 했을 때 자칫 기분이 상할 수도 있다. 하지만, 이럴 때 발끈하는 것은 더 상황만 어색해질 뿐이다. 자조는 결코 자신을 비하하는 것이 아니다. 자조하려면 반드시 스스로 자신감이 있어야 한다. 겸허하고 자신감 있는 사람만이 비로소 스스로 낮추며 이를 웃음으로 승화시킬 수 있다.

내 실수나 결점을 숨기려고만 하면 역효과가 날 수 있다. 사실 남들이 직접적으로 지적하지 않는데도 스스로 자격지심을 느껴 실수할 때도 있다. 자조를 통해 우리는 이러한 자괴감을 역설적으로 극복할 수 있고 내 약점이 도마 위에 오를까 걱정하는 심리적 압박감도 미리 누그러뜨릴 수 있다. 자조는 이처럼 마음을 짓

누르는 응어리를 해소하고 분위기를 전환할 수 있는 좋은 해결책이다. 설사 주변 사람들이 짓궂게 내 약점을 들춘다고 해도 거기에 맞서 화를 내는 것은 효과적이지 않다. 이 경우에도 자조가 분위기를 더는 험악하게 하지 않으면서도 깨우침을 주는 현명한 선택이 될 수 있다.

엉뚱한 동문서답으로 분위기를 바꾸자

해학적으로 분위기를 전환하고자 할 때 사람들이 자주 사용하는 방법은 동문서답이다. 뻔히 예측되는 답이 아닌 엉뚱한 답을 하면 웃음을 유발하고 분위기를 더 부드럽게 한다. 어색한 상황을 모면하려는 임기응변일 수 있지만, 뜻밖에 좋은 결과를 불러오기도 한다. 아예 동문서답은 아니더라도 남들이 하는 뻔한 답을 비켜 가면 신선함을 준다. 다음 사례가 그러한 예다.

> 1970년대에 미국에서 로또 열풍이 불기 시작하면서 언론에서도 매회 당첨자를 찾아가 보도하는 데 열을 올렸다. 한 번은 스미스라는 이름의 노동자가 1등 당첨금을 받게 됐다. 이번에도 그의 누추한 집에 기자들이 몰렸다. 한 기자는 스미스에게 이렇게 물었다.

"단번에 벼락부자가 되셨는데요. 당첨금을 어떻게 사용하실 생각입니까?"

이런 상투적인 질문에는 으레 빚을 갚겠다거나 좋은 차를 사겠다거나 집을 사겠다는 등 뻔한 대답이 따라오게 마련이었다. 그런데 스미스는 장난기 어린 미소를 짓더니 짧게 말했다.

"잘 써야죠!"

주변에 있던 사람들은 모두 크게 웃으며 박수를 보냈다.

어마어마한 돈이 생겼을 때 어떻게 쓰겠다는 말을 섣불리 하는 것은 아무리 상투적인 답이라도 예민한 것일 수 있다. 너무 조목조목 돈 쓸 항목을 말하면 주변에 혹시 서운함이나 반감을 갖는 사람이 있을 수 있고 차를 사겠다고 하면 당장 자동차 영업사원들이 물밀 듯이 연락해올 수도 있다. '잘 쓰겠다'라는 스미스의 아주 평범한 동문서답은 이 모든 상황을 비켜 가면서도 주변 사람들에게 큰 웃음을 줬다.

이처럼 동문서답은 그저 엉뚱한 답에 그치는 것이 아니라 현명한 지혜로 볼 수 있다. 해학적으로 적절하게 활용하면 부담스럽지 않으면서도 긍정적인 인상을 다른 사람에게 확실히 각인시킬 수 있을 것이다.

독창적 사고는 또 다른 길을 열어준다

1. 개념 전환

해학적인 사고는 실용적이거나 이성적인 것과는 거리가 멀다. 그보다 감성의 영역이다. 다음 두 가지 사례의 대화를 보자.

> **교사** "오늘 우리는 어제 배운 뺄셈을 복습할 거예요. 형이 가진 사과 5개 중에 여러분이 3개를 가져왔다면 어떻게 될까요?"
>
> **학생** "형한테 한 대 맞을 거예요."

> **샤오밍** "축구랑 아이스하키 중 어느 골문이 더 지키기 편해?"
>
> **즈창** "그야 상대편이 없는 골문이 더 지키기 편하지."

두 사례에서 답변한 내용은 질문에 비춰볼 때 전혀 상식적이거나 실용적이지 않다. 하지만, 두 답변 모두 잠시 웃을 수 있는 여유를 준다. 이들의 대답이 웃음을 주는 요인은 우리가 보통 이해하는 것과 다른 관점에서 질문을 받아들였기 때문이다. 위 사례들은 우스갯소리에 불과하지만, 중요한 일을 추진하면서 난관에 부딪혔을 때는 좋은 해법이 될 수 있다. 문제에 매몰되기보다 가끔 이렇게 완전히 새로운 관점에서 상황을 보는 것이다. 거듭된 난관으로 처진 동료들의 분위기를 북돋울 수 있고, 완전히 새로운 각도로 봤을 때 예상치 못했던 길이 보일 수도 있다.

2. 자아 모순

'모순矛盾'이라는 단어는《한비자韓非子》에 소개된 한 일화에서 유래했다. 초나라 때 창과 방패를 파는 상인이 있었다. 그는 창을 들어 보이며 어떤 방패도 뚫을 수 있다고 했고 방패를 보일 때는 어떤 창도 막을 수 있다고 했다. 그 모습을 본 명나라의 한 신하가 그가 파는 창과 방패를 가리키며 그 창으로 방패를 찌르면 어떻게 되느냐고 했다. 이 말을 들은 상인은 아무 말도 하지 못했다. 즉, 모순이란 앞뒤가 맞지 않는 말이나 행동을 하는 상황을 가리킨다. 다음 이야기에 등장하는 도박꾼의 말이 그런 예다.

> 어느 날 노름꾼은 잃은 돈을 되찾겠다며 도박장에서 밤새워 남은 밑천을 다 걸었다. 결국 완전히 빈털터리가 됐다. 집에 돌아온 그는 이제 다시는 도박을 하지 않겠다며 자신의 다짐을 써서 침대 머리맡에 붙여 놓았다. 집에 찾아온 친구가 이 글을 보고 비웃으며 자신은 절대 믿지 못하겠다며 놀렸다. 노름꾼은 눈을 부릅뜨더니 이렇게 소리쳤다.
> "내 말을 못 믿겠다고? 그럼 내가 도박을 끊는다는 데 술 세 병을 걸지!"

이야기 속에서 모순에 빠진 당사자의 입장이야 안타깝지만, 듣는 입장에서는 웃음이 나오는 상황이다. 이러한 반전의 묘미도 해학적으로 활용할 수 있다. 스스로 모순이 되는 지점을 유머로 승화시킨다면, 이 해학의 힘은 더욱 커질 것이다. 다른 사람이 미처 생각하지 못하거나 과감히 건드리지 못하는 부분을 자아 모순의 화법으로 활용해보자. 다만, 억지로 말을 끌어다 붙이기보다 자연스럽게 말을 얹어야 더 큰 효과를 기대할 수 있다.

3. 반어적인 말

반어적인 말이란 말과 뜻이 완전히 다른 것을 의미한다. 상대를 얼핏 칭찬하는 것 같지만, 그 안에 사실은 비판을 숨긴 말이 그러한 예다. 상대가 영 알아듣지 못한다면 할 수 없지만, 그 의중을 알아차리는 경우에는 서로 얼굴 붉히지 않고 해학적으로 상대의 잘못을 깨우치게 할 수 있는 좋은 방법이 된다.

> 진나라의 우전優旃은 해학이 넘치기로 유명한 인물이었다. 한 번은 진시황이 동물 사육장을 지나치게 넓히려 했다. 그곳에서 진기한 동물을 기르며 사냥을 즐기기 위해서였다. 이러한 사치는 국고를 낭비하고 백성을 고통스럽게 할 것이 뻔했지만, 누구도 감히 직언할 수 없었다. 이때 우전이 앞으로 나서서 진시황에게 말했다.

"아주 좋은 생각이십니다. 진기한 동물을 많이 기르면 적도 감히 쳐들어오지 못할 것입니다. 적이 동쪽에서 몰려오면 사슴에게 뿔로 받아치라고 하면 되니까요."

진시황은 그 말을 듣고 크게 웃음을 터뜨렸고 전례를 깨고 명령을 거둬들였다.

우전은 진시황의 계획에 찬성한다고 말했지만, 속뜻은 정반대였다. 왕이 국력을 낭비한 틈에 적이 쳐들어온다면, 그사이 약해진 병력 대신 동물들이 대신 싸워줄 수는 없기 때문이다. 우전은 자신의 뜻을 반어적인 말로 돌려서 했고 진시황도 자신의 명령을 거둘 수 있었다.

4. 실수를 밀어붙이기

실수는 언제든지 할 수 있고 누구도 피해가지 않는다. 실수에는 예고도 없다. 그래서 우리는 실수할 때면 머릿속이 하얘진다. 이렇게 당혹스러운 순간을 흑역사로 남게 할 것인가, 아니면 해학적으로 승화시킬 것인가는 우리의 선택에 달려 있다. 여기서 살펴볼 '밀어붙이기'도 그런 차원이다. 다만, 장소에 따라 이러한 밀어붙이기식 유머는 조심해야 한다. 다음 사례는 웃음을 유도하려는 목적은 아니지만 실수를 밀어붙여 최소한 어수선해지는 분위기는 피한 재치를 눈여겨볼 만하다.

엄숙한 추도회의 묵념 차례가 됐다. 그런데 사회자는 '묵념'이라는 단어가 도무지 떠오르지 않았다. 아무리 머리를 짜내어도 말이 떠오르지 않는데, 시간을 더 지체했다가는 추도회 분위기가 엉망이 될 상황이었다. 그래서 그는 묵념을 대신할 말을 얼른 대체했다. 그 말은 '괴로움'이었다. 사회자는 큰 소리로 말했다.

"이제부터 3분간 괴로워해주시기 바랍니다."

3분이 지난 후에도 '묵념'은 생각나지 않았다. 그는 어쩔 수 없이 이렇게 말했다.

"이제 괴로움을 끝내주시기 바랍니다."

사회자는 어쨌든 추도회를 제시간에 마칠 수 있었다. 당일의 추도회는 엄숙한 시간이어서 사회자의 실수를 사람들이 알아차렸더라도 달리 반응하지 못했겠지만, 아마 시간이 흐른 뒤에는 이 일화를 추억으로 회자할 수 있을 것이다.

파블로 피카소Pablo Picasso는 18세 때 처음으로 동판화 작업을 했다. 작업을 다 마친 후에 피카소는 엄청난 실수를 깨달았다. 동판화를 처음 작업하느라 주의할 것을 미리 숙지 못한 탓이었다. 그가 놓친 것은 방향이었다. 판화를 종이에 찍을 때 좌우 방향이 바뀌므로 처음에 판화를 만들 때 반대 방향으

로 새겼어야 했다. 결과적으로 오른손에 창을 들고 있어야 할
투우사는 완성된 판화에서 왼손에 창을 들고 있었다. 피카소
는 깊이 고민하다 결국 이 실수를 밀고 나가기로 했다. 그리
고 그림 위에 그는 '엘 주르도El Zurdo'라고 적었다. 왼손잡이라
는 뜻이었다.

이 작품이 유명해지면서 사람들은 이를 근거로 피카소가 왼
손잡이일 것이라고 짐작하기도 했다. 하지만, 이 투우사가 왼손
잡이가 된 것은 순전히 그의 실수였다. 만약 피카소가 실수한 사
실에만 집착해 절망했다면 이 작품은 사장됐을지 모른다. 이 실
수를 밀어붙이기로 한 피카소의 결단은 명작을 세상에 남겼을 뿐
아니라 세상 사람들이 그를 해학적인 인물로 기억하게 했다.

◯
상대에 따라 말의 정도를 지키자

농담은 사람들이 가볍고 유쾌하게 감정을 교류할 수 있게 해준
다. 이러한 역할은 업무나 일상생활에서 아주 유익하지만, 선을
지키는 것이 중요하다. 그러지 않으면 원하는 바와 정반대의 결
과를 얻고 일을 망치게 된다.

쉐얼은 평소에 잘 웃고 떠드는 활발한 성격의 소유자였다. 동창회에서 쉐얼은 동창 청펑을 만났다. 그가 최근 승진했다는 사실을 듣고 쉐얼은 청펑에게 이렇게 말했다.

"너 진짜 대단하다. 날쌘 말 지나간 자리에는 풀도 나지 않는다는 말이 맞나 봐. 네가 너무 똑똑하니까 머리카락이 안 나는 거야."

이 말을 듣고 청펑은 발끈했다. 청펑은 대머리였던 것이다. 결국 동창회 분위기는 싸늘해지고 말았다.

위 사례처럼 상대를 대상으로 농담할 때는 약점을 희생양 삼으면 안 된다. 그 농담으로 상대의 원망을 살 수 있다. 친한 사이라면 어느 정도 짓궂은 농담도 허용되겠지만, 상대가 누구든 선을 지켜 서로 유쾌한 농담을 주고받을 수 있어야 한다. 같은 사람이라도 그 사람의 기분에 따라 어느 날은 농담에 예민하게 반응할 수도 있다. 그래서 농담할 때는 상대의 기분을 잘 살펴야 한다.

적당한 농담은 인간관계의 긴장을 풀어주고 활기차게 한다. 이러한 분위기를 조성할 줄 아는 해학 넘치는 사람은 많은 사람의 환영을 받는다. 위에서 제시한 주의사항을 고려해 농담하되 지나치지 않도록 조심하자.

농담할 때 주의할 사항

1. 연령이나 성별에 따라 상대를 깎아내리지 않는다

다양한 연령대나 성별에 따른 대상을 농담의 소재로 삼는 것은 조심해야 한다. 때와 장소도 적절해야 하며 사용하는 표현 또한 지혜롭게 선택해야 한다.

2. 다른 사람의 신체적 약점을 농담 삼지 않는다

옛말에 '승려 앞에서 대머리 이야기하지 말고 눈먼 사람 앞에서 등불 이야기하지 말라'고 했다. 누구도 완벽한 사람은 없다. 그런데 상대가 불편해할 단점을 농담의 소재로 삼는 것은 어리석은 일이다. 이러한 농담은 상대에게 심각한 상처를 준다.

3. 손님과 함께 있는 친구에게는 농담하지 않는다

평소에 다소 짓궂은 농담도 잘 주고받는 친구더라도 그 친구가 손님을 맞이하고 있는 자리라면 친구에게 농담하지 않은 것이 좋다. 친구에게 얼마나 중요한 자리인지도 모르고 내가 잘 모르는 손님 앞에서 친구가 민망할 상황을 연출해서는 안 된다.

4. 농담은 농담같이 하자

농담의 가장 높은 경지는 농담하는 사람은 웃지 않으면서 다른 사람들을 웃게 하는 것이다. 하지만, 우리는 그 정도의 고수가 아니다. 농담할 때는 농담처럼 해야 사람들이 혼란스러워하지 않는다. 자칫 어색하게 정색을 했다가는 괜한 오해만 불러일으킬 수 있다.

5. 너무 잦은 농담은 피곤하다

아무리 재밌는 농담이라도 쉬지 않고 반복한다면 듣는 사람이 지칠 수밖에 없다. 이렇게 종일 농담을 늘어놓는 사람은 진중해 보이지도 않는다. 진지하게 업무에 열중하다 한 번씩 던지는 농담이 효과적이다. 너무 자주 농담해 경솔한 사람으로 보이지 않도록 주의하자.

6. 조롱과 농담은 다르다

조롱은 농담과 아주 다른 범주다. 농담은 남에 대한 존중을 바탕에 두지만 조롱은 그렇지 않다. 농담도 지나치면 상대에게 상처가 되지만, 조롱은 정도에 상관없이 상처가 된다. 신중하지 못한 말은 화를 불러일으키고 후회해도 돌이킬 수 없다.

4장 | 상처 준 사람의 마음을 녹이는 사과 솜씨 6가지

잘못은 바로 인정하고 사과하자

길을 걷다 무심코 다른 사람과 부딪혔을 때, 본의 아니게 동료에게 상처를 줬을 때, 대부분 진심 어린 사과 한마디면 금방 오해가 풀어진다. 진상을 미처 알지 못한 채 엉뚱한 친구에게 화냈더라도 사과하면 얼마든지 감정은 회복할 수 있다. 강연 도중에 실수로 잘못된 정보를 제공했다면, 자존심을 내세워 억지 부릴 것이 아니라 내용을 바로잡고 사과하면 된다. 청중은 그 성실함에 감동할 것이다. 즉, 우리가 반드시 배워야 할 것은 바로 사과하는 법이다.

염파廉頗와 인상여藺相如는 조나라의 대신이었다. 염파는 전투에서 세운 공을, 인상여는 외교상 공적을 인정받아 모두 상경上卿 자리에 올랐다. 그런데 인상여는 염파보다 한 등급 높은 직책을 받았다. 염파는 이를 받아들일 수 없었다. 자신은 목숨을 걸고 전쟁터에서 수많은 적과 맞서 싸우며 올린 공이지만, 인상여는 입으로 출세한 것에 불과하다고 여겼기 때문이다. 염파는 분함을 이기지 못하고 인상여를 모욕하는 말을 흘리기 시작했다. 인상여는 이 일을 알고 난 후부터 될 수 있는 한 염파를 피했다. 인상여의 부하는 그가 이렇게 약한 모습을 보이는 것이 불만이었다. 그러자 인상여는 조나라가 우뚝 설 수 있는 이유는 문무의 조화라며 염파와 자신의 관계가 틀어지면 나라 전체에 손해가 될 것이라고 말했다. 이 말을 전해 들은 염파는 인상여의 태도에 감명받아 스스로 가시나무를 짊어지고 죄를 청하러 갔다.

위 이야기에서 인상여의 넓은 마음과 겸허함은 마땅히 칭송받아야 하지만 염파가 자신의 잘못을 깨닫고 죄를 청하는 자세 또한 칭찬받아야 한다. 또 다른 사례를 보자.

영국에 사는 6살 소녀 엘리사는 어느 날 왕실 공원에서 놀고 있었다. 엘리사는 비둘기에게 먹이를 주던 중 손가락을 쪼이고 말았다. 엘리사는 비둘기 주인에게 이 새가 얼마나 나쁜지 알려줘야겠다고 생각했다. 그래서 엘리사는 비둘기의 주인이 라고 생각한 엘리자베스 여왕에게 편지를 썼다. 편지를 받은 여왕은 시녀에게 사과 편지를 쓰도록 했다. 그 편지는 곧 엘 리사에게 전달됐다. 편지에는 비둘기 때문에 손을 다친 사건 에 대해 여왕이 사과하는 내용이 담겨 있었다. 엘리사는 친구 들에게 여왕의 편지를 자랑했다.

한 나라의 여왕이 어린 소녀에게 잘못을 인정하는 것은 절대 약한 모습을 보이는 것이 아니다. 그럼으로써 여왕 자신의 기품 을 지키고 영국 국민에 대한 사랑을 드러낼 수 있었다.

● **사과가 인간관계에서 어떤 역할을 하는지 살펴보자.**

1. 사과는 불만을 해소한다

위나라의 무장 공손연公孫淵은 오나라에 귀순하기를 원했다. 이에 오나라 손권孫權은 매우 기뻐하며 그에게 재물을 보내고 '연왕燕王'으로 봉했다. 그러나 공손연이 믿을 만한 사람이 아 니라고 생각한 장소張昭는 극렬히 반대했다. 그러나 손권은 자신의 의견을 고집했고 화가 난 장소는 더는 조정을 찾아가지 않았다. 손권은 분노하며 사람을 시켜 장소의 집 문을 막아버리라고 했다. 장소도 지지 않고 가족에게 문 안을 한 번 더 막으라고 이야기했다. 훗날 공손연은 손권이 파견한 사람을 죽였다. 이때 손권은 자신의 잘못을 깨닫고 몇 번이나 장소의 집을 찾아가 잘못을 인정했다. 그러나 장소는 꾀병을 부리며 집에서 나오지 않았다. 한 번은 손권이 장소의 집 뒷문으로 가서 큰소리로 장소를 불렀지만, 장소는 그 소리를 듣고도 대답하지 않았다. 그러자 손권은 사람을 시켜 뒷문에 불을 지르게 했다. 장소를 억지로라도 나오게 하기 위해서였다. 그러나 생각지도 못하게 장소는 창문까지 꼭꼭 닫아버렸다. 이를 본 손권은 황급히 불을 끄라고 명령했고 계속 장소의 집 문 앞에 서서 용서를 구했다. 그 모습에 감동한 장소는 결국 집 밖으로 나왔다. 이들의 군신 관계는 다시 회복됐다.

일국의 군주였던 손권이 자신의 잘못을 깨닫고 용서를 빌기 위해 여러 번 장소를 찾아간 것은 분명히 대단한 일이다. 비록 그가 뒷문에 불을 지르는 부적절한 방법을 사용하기는 했지만, 진실한 사과는 장소의 불만을 거뒀고 결국 이들 사이의 생겼던 감정의 골을 메워줬다.

2. 사과는 싸움을 피할 수 있다

조지 워싱턴George Washington과 토마스 페인Thomas Paine은 격렬한 논쟁을 벌인 적이 있었다. 굴욕을 당했다고 생각한 페인은 워싱턴을 바닥에 때려눕혔다. 워싱턴은 간신히 통증을 참고 일어섰지만, 페인에게 반격을 가하지는 않았다. 다음 날, 워싱턴은 페인을 한 호텔에 초대했다. 페인은 권총까지 챙겨 들고 약속 장소로 향했다. 그런데 워싱턴은 페인이 들어서는 것을 보고 활짝 웃는 얼굴로 맞이하며 전날의 언쟁에 대해 사과했다. 워싱턴의 반응에 감동한 페인은 워싱턴과 손을 맞잡고 악수했다. 훗날 이 두 사람은 가장 가까운 친구가 됐다.

자칫하면 생사를 건 결투가 벌어질 뻔했지만 워싱턴의 사과로 두 사람은 원수에서 절친한 친구 사이로 발전했다. 사과는 인간관계의 긴장을 완화할 뿐만 아니라 싸움을 피하게 한다.

3. 사과는 존엄을 회복시킨다

어느 날, 중국의 정치인 쑹칭링宋慶齡은 아역 배우들을 만나러 갔다. 그중 눈에 띄는 한 아이에게 쑹칭링은 미소를 지으며 이렇게 말했다.

"얘야, 목이 좀 더럽구나. 가서 씻고 오렴."

그런데 그 아이는 얼굴이 빨개진 채로 계속 서 있었다. 다른
아이들이 하나둘 쑹칭링에게 이렇게 말했다.

"저 이이는 원래 피부색이 저런 거예요."

쑹칭링은 얼른 무릎을 꿇더니 그 아이의 손을 잡고 사과했다.

"내가 잘못했구나. 부디 나를 용서해주렴!"

이 모습을 본 모든 아이가 쑹칭링의 말에 크게 감동했다.

쑹칭링은 본의 아니게 한 아이의 자존심에 상처를 줬지만, 신
속하게 사과했다. 쑹칭링의 사과는 아이가 자존심에 입은 상처를
어루만지고 존중하는 마음을 드러낸 것이다.

4. 진실한 사과는 용서를 받는다

한 TV의 토크쇼 프로그램에 출현한 미국의 44대 대통령 버락
오바마Barack Obama는 사회자에게 자신은 줄곧 볼링 연습을 했
지만 실력이 엉망이라고 했다. 이어서 그는 자조적으로 자신
의 볼링 실력이 스페셜 올림픽에 참가할 정도라고 덧붙였다.
장애를 가진 선수들이 참가하는 스페셜 올림픽에 자신의 부
족한 실력을 빗댄 그의 말은 즉시 큰 파문을 일으켰고 수많은
질책이 이어졌다. 오바마는 곧 실언을 인정하며 스페셜 올림

픽 창시자인 유니스 케네디 슈라이버Eunice Kennedy Shriver에게
전화를 걸어 사과를 표명했다. 또한 스페셜 올림픽 출전 선수
들을 백악관으로 초대했다.

오바마는 비록 순간의 판단착오로 실언을 했지만, 잘못을 깨
달은 뒤에 곧바로 사과했고 사과의 진실성을 보여주는 여러 행보
를 보였다. 자칫 대통령으로서 도덕적으로 위기를 맞을 수도 있
는 발언이었지만, 이처럼 진정성 있는 발 빠른 사과로 이 사건은
그의 인격적 매력을 보여주는 계기가 됐다.

앞서 본 사례들과 같이 우리는 여러 사람과 관계를 맺는 과정
에서 숱하게 말실수를 저지를 수 있다. 이때 적극적으로 진심 어
린 사과를 한다면 상대의 이해를 구할 수 있고 나아가 좋은 관계
로 발전할 수도 있다. 사과는 인간관계의 균열을 회복하고 긴장
된 관계를 완화하는 데 꼭 필요한 요소다.

◐ 사과는 인품과 교양을 드러낸다

일상생활에서 다른 사람에게 상처를 주는 때가 종종 있다. 때로
는 다른 사람을 난감하게 만드는 말을 하기도 하고 상대를 불편
하게 만드는 행동을 하기도 한다. 이러한 작은 충돌은 정상적인

과정이며 무의식적으로 불가피하게 발생한다.

군사전략가 손자孫子는 이렇게 말했다. "잘못을 저지르면 모든 사람이 그것을 보고 잘못을 고치면 모든 사람이 우러러본다." 사과할 줄 아는 사람이 비난보다 존중의 대상이 되는 것은 그만큼 그 사람이 가족이나 친구, 사회에 대해 책임감을 지닌 사람임을 의미하기 때문이다. 때로는 사과가 문제를 완전히 해결하지 못할 때도 있지만, 적어도 진정한 사과는 자신의 잘못을 고칠 수 있는 첫걸음이 된다.

그러므로 다른 사람에게 진정한 사과를 하는 것은 현명한 사람의 지혜로운 행동이다. 미국의 한 홍보 전문가는 이렇게 말했다. "사과하는 법을 배운다는 것은 사회적으로 아주 중요합니다. 진정한 사과는 사람과 사람 사이의 가장 아름다운 마음을 느끼게 합니다." 우리가 진정으로 사과하는 법을 배워야 하는 것도 이 때문이다. 사과는 결코 체면이 떨어지는 일이 아니다. 진정한 사과는 인품과 교양을 드러낸다. 다음 두 이야기를 살펴보자.

> 어린 승려가 탁발하러 나갔다가 동네의 한 아낙과 말다툼을 하게 됐다. 결국에는 서로 손을 대는 상황까지 이르렀다. 승려는 아낙의 옷을 잡아당겨 뜯었고 아낙은 승려의 얼굴을 할퀴었다. 다른 승려들이 말려 간신히 싸움은 더 번지지 않았다. 나이 지긋한 법사가 곧 이 일을 알게 됐지만, 어린 승려에

게 아무 말도 하지 않았다. 대신, 법사는 공양받은 물건 중 옷감을 찾아 어린 승려를 데리고 직접 아낙에게 사과하러 갔다. 일부러 사과하러 찾아온 두 승려를 본 아낙은 감동해 자신도 잘못이 있음을 인정했다. 법사와 어린 승려가 돌아오는 길에 날은 이미 어두워지고 있었다. 컴컴한 길을 걷던 법사는 돌에 걸려 넘어졌고 다리에서 피가 났다. 어린 승려는 법사를 부축하며 법사가 걸려 넘어진 돌을 매섭게 발로 걷어찼다. 법사는 어린 승려에게 이렇게 말했다.

"돌은 원래 자기 자리에 있었던 것뿐이란다. 내가 잘못해서 돌을 밟은 것이지. 공연히 돌에 걸려 넘어진 건 나 자신이니 돌에게 사과하는 것이 마땅하단다."

법사의 가르침에 어린 승려는 큰 깨달음을 얻었다.

왕과 리의 집안은 나란히 이웃해 살았다. 왕의 집안에서는 말다툼으로 조용할 날이 없었지만, 리의 집안은 항상 조용하고 화목했다. 어느 날 왕은 리를 찾아가 그 비결을 물었다. 리는 자신의 가족은 무슨 일이 생겨도 항상 자신의 잘못을 먼저 생각하고 상대를 탓하지 않으니 싸울 일이 없다고 했다.

"만일 형이 바닥에 둔 화분을 동생이 지나다가 우연히 걷어찼다면, 형은 화분을 사람 다니는 길목에 놓은 자기 잘못이라며 사과한다네. 그러면 동생은 자신이 주의하지 않아서 찬 것이라며 용서를 구하지. 모두 이렇게 자신의 잘못이라 생각하며 상대를 탓하지 않는데 어떻게 싸움이 발생할 수 있겠는가?"

이 이야기들은 모두 상대에 대한 이해와 배려에 바탕을 둔 진심 어린 사과와 관용이 이미 벌어진 관계를 회복하거나 서로의 감정을 돈독히 하는 데 얼마나 중요한지 잘 보여주고 있다. 자신의 잘못을 인정하는 데는 용기가 필요하며, 이를 잘 실천하면 싸움이 일어날 일이 없다. 용감하게 잘못을 인정할 줄 아는 사람은 위신을 잃기는커녕 더 좋은 평판을 받을 것이다. 반대로 자신의 잘못을 인정하지 않고 감추려고만 드는 사람은 다른 사람 눈에 책임을 전가하는 사람으로만 비칠 뿐이다.

○
사과하기만큼 사과받기도 중요하다

인격이 높은 사람은 필요할 때면 언제든지 체면을 내려놓고 주저 없이 사과하며 싸움이 커지는 것을 막는다. 하지만 이러한 행동은 말처럼 쉬운 것이 아니다. 실제로 많은 사람은 사과하기를 어려워한다. 그래서 사과를 하는 사람에게 사과를 받는 사람도 친절하게 수용하는 노력을 해야 한다. "저에게 사과하기까지 얼마나 마음 쓰셨을지 잘 압니다." 이런 인사말이나 사소한 손동작,

또는 눈빛도 사과하는 사람에게 큰 응원이 될 것이다.

인간관계를 맺다 보면 우리는 자기도 모르게 상대에게 실수하고 미움을 사기도 한다. 내가 의도한 것이 아니라도 상대가 나로 인해 입은 상처에 대해서는 미안한 마음을 전해야 한다.

● **구체적으로 사과하는 단계는 다음과 같다.**

1. 자신이 무엇을 잘못했는지 이해한다

자신이 무엇을 잘못했고 상대에게 어떤 상처를 줬는지 생각해봐야 한다. 잘못을 확실하게 인식하고 핵심을 찌르는 사과는 더욱 효과적이다. 사과는 자신의 잘못을 변명하는 수단이 아니며 상대의 용서를 억지로 구해도 안 된다. 책임감을 바탕으로 자신의 잘못을 인정해야 비로소 진정한 사과가 될 수 있다.

2. 사과를 받는 사람의 입장을 생각한다

나와 상대 사이에 언쟁이 붙었고 그 원인이 나에게 있다는 것을 깨달았다면, 상대의 입장에서 사태를 이해하고 반성했음을 밝히는 것이 좋다. 그렇다면 상대의 화가 아직 완전히 가시지 않았더라도 대립적인 분위기는 누그러질 것이다.

3. 단도직입적으로 사과한다

내 실수를 솔직담백하게 인정하고 다른 변명 없이 사과를 먼저 하는 것이 옳다. "미안합니다" 혹은 "제가 잘못했습니다" 등의 단도직입적인 말로 실수를 분명하게 인정한다면, 상대의 양해를 더 쉽게 얻을 수 있다.

4. 직접 말로 사과하기 힘들다면 다른 매개체를 이용한다

여러 사정상 몇 마디 말로 직접 사과하기 어려운 상황이라면 꽃으로 대신할 수도 있다. 상대가 자주 앉는 자리에 작은 선물을 둔다면 그 사람도 진심을 헤아릴 것이다. 친밀한 사이라면 작은 몸짓으로 마음을 대변하는 것도 좋다.

5. 다른 사람에게 사과의 뜻을 전하게 한다

자신이 직접 사과하기 힘들 때는 제삼자의 도움을 청해보자. 상황을 잘 알고 미안함 마음을 진심으로 이해하는 제삼자가 있다면 상대에게 내 마음을 대신 전해주도록 부탁해보는 것도 좋다.

6. 자신의 잘못을 과장한다

자신의 잘못을 더 크게 말해 상대가 돋보이게 하는 방법이다. 조금은 겸연쩍겠지만 진심이 전달된다면 상대는 흔쾌히 용서할 것이다.

7. 제때 사과한다

사과할 때를 놓치지 말자. 하지만 적당한 때에 즉시 사과하려면 큰 용기가 필요하다. 사과받는 입장에서 상대가 얼른 미안하다고 말하지 않는다고 너무 조바심내지 말자. 어려운 일인 만큼 상대는 언제 어떻게 사과해야 할지 고민하고 있을지도 모른다.

8. 단지 상황을 수습하기 위해 사과하면 안 된다

잘못한 것이 정말 없는데 단지 급한 상황을 수습하려는 목적으로 사과해서는 안 된다. 이러한 접근은 누구에게도 이득이 되지 않는다. 유감은 표시할 수 있으나 사과는 다른 차원의 문제다.

9. 상대가 불쾌함을 발산할 기회를 준다

상대가 다소 과격하게 감정을 표현한다면 지켜보는 것이 좋다. 마음속 응어리 분출이 관계 개선에 도움이 될 수 있다.

10. 정확하고 담백한 글로 사과한다

사과의 표시를 글로 남길 때는 과도하게 감정적인 표현은 피하는 것이 좋다. 정확하고 간결한 어휘로 담백하게 사과 의사를 전하자.

11. 잘못을 바로잡아 용서를 얻는다

때로는 말이나 글로 사과한다고 해서 해결되지 않는 일도 있다. 이때는 당연히 사과 의사를 표현하되 잘못된 것은 실제로 바로잡아 결과를 보여줘야 한다. 이러한 태도는 가장 진실하고 직접적이며 설득력 있는 방법이 될 수 있다.

○
부드럽게 용서를 구하자

자신이 실수한 것을 알았을 때 용기 있게 인정하는 사람은 쉽게 용서를 받을 수 있다. 그렇지 않고 끝까지 자기는 잘못이 없다며 고집을 피운다면 작은 일이라도 용서를 구하기 어렵다. 다음 사례에서 그리 크지 않은 잘못도 인정할 줄 몰랐던 존의 이야기를 들어보자.

> 존은 한 건축회사의 회계를 담당하고 있었다. 그가 맡은 업무는 각 공정에 필요한 비용을 추산하는 일이었다. 한 번은 존이 정산한 데이터에 실수가 있어서 회사는 금전적인 손해를 입었다. 다행히 액수는 그리 크지 않았지만, 문제는 존이 자신의 실수를 절대 인정하지 않는 데서 불거졌다. 사장은 이러한 태도를 고칠 필요가 있다고 생각했다. 그러나 존은 사장이

일부러 자신을 괴롭히는 것이라며 불평했다. 입사 후 존은 항상 성실한 직원이었기 때문에 사장은 존이 체면 때문에 실수를 인정하지 않으려 하는 것이라 이해하고 더는 문제 삼지 않았다. 그런데 얼마 지나지 않아 비슷한 실수가 또 발생했다. 이번에는 사장이 존을 불러 이 문제에 관해 이야기하려 했지만, 존은 한사코 자신의 실수를 인정하지 않았다. 사장은 존에게 데이터를 점검해보도록 했고 결국 존의 실수로 밝혀졌다. 사장은 자신의 잘못을 인정하지 못하는 사람은 회사에 큰 손해라며 존을 해고했다.

존이 갖지 못했던 것은 작은 실수라도 인정할 줄 아는 용기였다. 이런 용기를 갖춘 사람은 설사 실수가 있더라도 존중과 이해의 대상이 된다. 만약 자신이 잘못을 저질렀음을 깨달았다면 최대한 부드럽고 공손한 태도로 용서를 구해야 한다. 꼭 자신이 잘못한 일이 아니더라도 양해를 구해야 할 일이 있을 때는 부드러운 말투로 접근해야 한다.

이를테면, 매장을 찾아 불만을 토로하는 손님이 있다면, 그 불만이 내 실수 때문이 아니더라도 최대한 부드럽게 접근해 손님의 말을 들을 필요가 있다. 내 잘못이 아니니 내가 숙일 필요가 없다는 태도로 접근한다면 상대의 화만 돋울 뿐이다. 내가 부드럽게 접근할 때 상대도 내 말에 더 귀를 기울이게 된다.

물러서는 것은 나아가기 위해서다

잘못을 알고도 고칠 줄 모르면 당장은 상황을 모면할지 모르지만, 그만큼 평판이 나빠진다. 그러나 자신의 잘못을 알고 고칠 줄 아는 사람은 다른 사람들의 칭찬을 받고 체면도 지킬 수 있다. 그러나 이렇게 간단한 도리를 이해하지 못하는 사람이 많다.

> 노벨상 수상자 데이비드 볼티모어David Baltimore는 록펠러 대학교 총장으로 영입되던 당시, 논문 데이터 조작 시비에 휘말렸다. 볼티모어는 동료교수 논문의 공동저자였는데 이 논문의 일부 자료가 조작 의혹을 받은 것이었다. 이 조작 의혹과 관련해 볼티모어는 과학적인 문장에서 발생할 수 있는 실수일 뿐 날조한 것은 아니라며 변명했다. 그래도 사태가 점차 심각해지자 미국 의회에서는 전담 부서를 꾸려 이 사건을 적극적으로 조사하기 시작했다. 그러자 볼티모어는 더욱 강경한 태도를 보이며 의회가 학술활동에 정치적으로 간섭하려 한다고 비판했다. 볼티모어가 자신의 의견을 굽히지 않는 사이, 록펠러 대학교 이사회는 결국 그가 총장을 맡기에 부적합한 인물이라고 결정했고 볼티모어는 총장직에서 물러나야 했다.

한 사람의 명예는 그의 자질과 성품을 다른 사람이 인정하고 존중하는 데서 비롯된다. 잘못을 저지르고도 온갖 변명을 하는 사람은 다른 사람의 존중을 받을 수 없다. 자신의 잘못을 용감하게 인정하는 것은 다른 사람들이 그 사람의 넓은 도량을 확인하는 기회가 된다.

> 작가 류융劉墉은 방송국의 기자로 일한 적이 있었다. 당시 류융은 원고에 시간을 잘못 기재했다. 원고를 보낸 후에야 이 실수를 깨달은 류융은 교열 담당자에게 전화를 걸어 잘못된 부분을 수정해달라고 당부했다. 그런데 그 담당자는 류융의 부탁을 잊고 말았다. 류융은 방송 예정일 바로 전날 자신이 부탁한 부분이 수정되지 않았다는 사실을 발견했다. 류융은 곧 상사에게 추가되는 비용은 자신이 부담하겠으니 프로그램을 다시 제작해야 한다고 했다. 하지만 막바지 수정을 놓친 교열 담당자에 대해서는 언급하지 않았다. 나중에 이 사실을 알게 된 교열 담당자는 깊이 감동했고 자신의 잘못을 인정했다.

우리가 두려워해야 할 것은 실수 자체가 아니라 그것을 인정하지 않는 자기 자신이다. 실수를 인정하는 것은 '진격을 위해 퇴각하는 전략'의 일종이자 승리를 얻을 수 있는 태도다. 이 위기를 잘 극복할 때 더 많은 사람으로부터 인정받을 수 있을 것이다.

• ───── 상처 주지 않고 할 말 다하는 말솜씨

수많은 말보다 언행일치가 중요하다

진정한 사과에 뒤따라야 할 또 다른 원칙은 바로 언행의 일치다.

> 어느 날 미국의 12세 소년이 친구들과 축구를 하다가 이웃집 창문을 깨뜨렸다. 한 노인이 그 집에서 뛰쳐나와 누가 한 짓이냐며 역정을 냈다. 다른 친구들은 모두 도망갔지만 소년은 노인에게 가서 용서를 빌었다. 소년이 집에 돌아와 이 사실을 말하자, 아버지는 깨진 유리값 15달러를 소년에게 건네주며 꼭 갚으라고 말했다.
>
> 소년은 노인의 집으로 달려가 15달러를 전하고 그때부터 열심히 일했다. 어린 나이라서 할 수 있는 일이 식당에서 접시를 닦거나 폐품을 줍는 일밖에 없었다. 소년은 간신히 15달러를 모아서 아버지에게 돈을 갚았다. 세월이 흐른 후 이 소년은 미국의 대통령이 됐다. 그는 바로 로널드 레이건Ronald Reagan이다.

말에 그치는 사과로 부족한 때도 있다. 꼭 물질적인 것을 갚아야 하는 상황이 아니더라도 언행이 일치될 때 상대에게 사과의 진정성을 인정받을 수 있다.

옮긴이 김경숙

성신여자대학교에서 중어중문학과 일어일문학을 공부했다. 대만 국립정치대학 중국어
연수과정을 수료하고 일본 워킹 홀리데이 경험을 했다. 이를 통한 실용적이고 살아 있
는 외국어 능력 및 사회 문화 전반에 걸친 폭넓은 이해를 바탕으로 번역 활동을 하고 있
다. 현재는 번역 에이전시 엔터스코리아에서 출판기획 및 중국어권 인문 및 실용 서적
전문 번역가로 활동하고 있다.

주요 역서로 《강아지 기친》 《그때 미처 깨닫지 못한 것을 지금 알게 된다면》 《나는 하
버드생이다》 《하버드 25시》 《내 안의 마음습관 길들이기》 《자제력》 《생각을 바꾸면 인
생이 달라진다》 등 다수가 있다.

상처 주지 않고 할 말 다하는 말솜씨

초판 1쇄 발행 2020년 4월 27일
초판 4쇄 발행 2022년 12월 19일

지은이 허야거
펴낸이 정덕식, 김재현
펴낸곳 (주)센시오

출판등록 2009년 10월 14일 제300-2009-126호
주소 서울특별시 마포구 성암로 189, 1711호
전화 02-734-0981
팩스 02-333-0081
메일 sensio@sensiobook.com

본문디자인 윤미정
표지디자인 이영선

ISBN 979-11-90356-48-0 03190